서해명 시집

“나 없음”의 경이

'나 없음'의 경이

펴낸날 ‖ 2020년 6월 25일 초판 발행
지은이 ‖ 서해명
펴낸이 ‖ 유영일
펴낸곳 ‖ 올리브나무 출판등록 제2002-000042호
경기도 고양시 일산동구 정발산로 82번길 10, 705-101
전화 070-8274-1226, 010-7755-2261
팩스 031-629-6983 E메일 yoyoyi91@naver.com

값 15,000원

ISBN 978-89-93620-88-7 03190

서해명 시집

'나 없음'의 경이

■ 추천의 글

몸나는 섭섭이요, 얼나는 빛월(영광)

서해명의 두 번째 시집에 실린 시 중에서 「황홀한 실망」을 읽어 내려가다가 문득 43년 전의 일이 새벽에 빛나는 샛별처럼 기억에 떠올랐다. 그 시구 일부를 옮긴다.

거짓이 참인 줄 알고 꽉 잡고 있다가
배신의 허탈함을 느낄 새도 없이
진리 찾음이 이리도 단순함에 실망할 사이도 없이
깨달음의 기쁨이 너무도 커서 '황홀한 실망'입니다.
(「황홀한 실망」 부분)

「황홀한 실망」의 시제가 1977년 6월 19일부터 열흘 동안에 스승이신 다석 류영모 님 신상에 일어난 수수께끼 같은 일들을 푸는 열쇠 노릇을 해주었다. 다음 인용문은 이 사람이 쓴 『다석 류영모의 생애와 사상』에 실려 있는 글이다.

1977년 초여름인 6월 19일에 류영모 님은 독립문 근처 영천동에 사는 전병호 님을 만나고 싶다고 하여 아들 류자상 님이 모시고 갔다. 류영모 님은 만나고 싶다고 한 전병호님과 마주 앉아서도 아무 말도 없으시다가 작별 인사를 나누고 집으로 돌아왔다. 옆에 있던 사람이 보기에는 자연스러울 수가 없었다. 다음날 6월 20일에는 아침부터 구기동 매바위 안골에 들어가 온종일 그곳에 머물다가 해질녘 때쯤 집으로 돌아왔다. 6월 21일 아침 해 뜰 때쯤 외출복인 두루마기까지 입고는 "나, 어디 좀 다녀오겠다." 하면서 집을 나섰다. 어디를 가시는지 모시고 다녀오겠다고 아들이 나서자, "괜찮다."라면서 혼자 가겠다고 하시면서 집을 나섰다. 며느님이 지폐 돈을 얼마 싸서 드리니까 그것을 받아 손에 들고 나가셨다. 어른의 성격을 아는지라 강경하게 말리지는 못하였다. 6월 21일로 그날이 바로 하지(夏至)였다.

긴 하루를 다 보내고 해가 지고 저녁이 되어도 가족들이 돌아오시기를 기다리는 어르신은 돌아오지 아니하였다. 가족들도 날밤을 새우지 않을 수 없었다. 그때 구기동 집에도 전화가 설이 안 되어 있었다. 23일에는 어쩔 수 없이 성북경찰서에 가서 가출인 신고를 할 수밖에 없었다. 6월 23일 저녁이 되어도 소식이 없었다. 그런데 밤 10시 반쯤 되어서도 전화가 없었던 터라 성북경찰서 소속 방범대원이 집으로 찾아왔다. 성북경찰서 관할 국민대학 뒤편 북악산 자락에 이 댁의 할아버지 모습 같은 노인이 산에 의식을 잃고 쓰러져 있다는 신고가 들어와 경찰관이 현장으로 갔으니 모셔올 것이라고 말하였다. 23일

밤 12시를 넘었을 때, 성북경찰서 소속 경찰이 의식이 없는 류영모 어르신을 등에 업고서 집안으로 들어왔다. 마루에 눕히자 얼굴이 하지의 햇살에 타서 익은 듯 새빨갛고 두 손과 옷은 흙때가 묻어 까맣게 되어 있었다. 그래도 숨은 쉬고 계셨다. 집 나갈 때 며느님이 드린 손수건에 싼 돈은 그대로 움켜쥐고 있었다. 류영모 님은 집에 돌아온 지 사흘이 지난 26일이 되어서야 의식이 돌아와 깨어나셨다.

그리고 열흘이 된 7월 2일에야 자리에서 일어나 화장실을 다닐 수 있게 되었다. 그런데 겨우 걸을 만하게 회복되자, 또 집을 나가시는 것이었다. 가족이 뒤따라 가니 구기동 변전소 있는 데까지 와서는 더 걷지 못하고 길가에 주저앉아 버렸다. 그래서 가족이 부축해서 집으로 모시고 돌아왔다. 그러기를 두 번이나 하였으나, 이미 가출을 하기에는 너무 노쇠하였다.

7월 2일에 전병호 님이 이 사람의 집을 찾아와 류영모 님의 가출 사건을 알려주는 것이었다. 이때는 아직 이 사람의 집에도 전화가 없었다. 다음날 7월 3일에 구기동에 와서야 그동안의 일을 가족들로부터 이야기를 듣고서 알게 되었다. 전병호 님은 시계 수리공으로 손재주가 많아 다석 님 가정의 여러 가지 고장난 곳을 다 고치고, 또 심부름을 잘 해주는 분이었다. 이 사람에게 스승님이 단사(斷辭)하기를 일러주시면서, "주역(周易) 계사 편에 있는 말로 '말을 끊는다'는 말인데, 박형은 이제 단사할 때가 되었으니 나를 찾아오지도 말고 편지도 하지 마시오."라고 이르셨다.

그래 5년 넘게 구기동에 나타나지도 않고 엽서 한 장도 띄우지 않았으며 전화는 없던 때라 전화 한 통 올리지 못하였다. 그런데 스승님께서 바로 전병호 님에게 이르기를 "박영호가 죽었는지 살았는지 안부를 모르는 지 여러 해가 되었으니 전형이 시간을 내어서 한번 찾아가 보았으면 좋겠소."라고 하여 경기도 의왕으로 전병호 님이 찾아온 적도 있었다. "박영호가 의왕에서 농사하는 지가 오래되었으니 한 번 가 봅시다."라고 하여 전병호 님이 스승님을 모시고 저희 집에 오신 적도 있었다. 스승님이 아들 류자상 님과 함께 전병호 님을 찾아가서 아무 말도 없이 그냥 돌아온 것도 입밖으로 말하기는 뭣하지만, 내 사정을 박영호에게 일러주기를 바란다는 속뜻이 있을 것으로 짐작되며, 전병호 님은 말 없는 스승님의 뜻을 읽고는 좀 늦었지만, 이 사람을 찾아와서 스승님 사정을 일러주었던 것으로 헤아려진다.

스승님의 가출 사건은 그 심리적인 고갱이 뜻은 이 세상 무엇보다, 가족들보다도 한얼님을 사랑하는 데서 일으킨 일인 것이 분명하다. 스승님의 어록 한 구절을 인용한다.

"전문가들이 다 제각기 밝히고 있다. 사람이 정말 모른다고 하는 한얼님에 대한 영원성(얼나)과 연결되어 한얼님을 사랑하라. 한얼이 무엇인지 모르는 일을 끝내야(終斷) 한다. 한얼님하고 사랑을 하여야 하지 않겠는가? 이 사랑의 정신이 나와야 정말 진리의 불꽃, 말씀의 불꽃이 되어 살리어 나온다. 생각의 불꽃밖에 없다. 생각(思想)의 나라에서는 나를 생각의 불꽃으로 태우는데 한얼님이 나에게 생각을 살리어 준다. 그래서 생각이 잘 피어나도록 생각을 살리어 주신다. 그래 이 「긋」은, 이 생각의 불꽃은 때로는 가장 강하게 가장 무섭게 피어날 때도 있다." (류영모, 『다석 어록』, 1956)

류영모 님의 일생을 살펴보면 삶의 초점이 한얼님 사랑에 있는 것을 알게 된다. 그러나 몸을 가진 이 상대 세계를, 나라를, 가정을 전혀 의지하지 않을 수는 없다. 그러나 늘 집을 떠나려고, 나라를 버리려고, 상대 세계를 초월하려고 애쓴다. 류영모 님이 자생적인 독신 수도원인 빛골(光州)의 동광원에 가 있기를 좋아한 것도 그 때문이었다. 동광원 수행자들에게 말하기를, "내가 이곳에 있는 것이 좋은 것은 가정을 잊고 지낼 수 있기 때문이다."라고 말하였다. 진리원신을 살리려면 집을 버려야 한다는 것이다.

"정신이 들자면 집을 버려야 한다. 집을 뛰쳐나가는 게 참 사는 것이다. 거주(居住)를 삶으로 알아서는 못쓴다. 사나이는 집 속에는 없다. 어떻게 하면 이 더러움을 떠나 거룩한 데로 갈 수 있는가 하는 것이 우리의 기도이다. 몸을 극복하여 얼로 솟나자는 것이 신앙이다. 나는 죽음 맛 좀 보고파요, 그런데 그 죽음 맛을 보기 싫다는 게 뭔가? 이 몸은 땅에 내던지고 얼은 위로 들려야 한다. 한얼에서 온 얼은 들리어 한얼로 올리우고 땅에서 온 몸은 땅에 떨어지는 것이다. 그러나 여기 있는 동안에는 땅의 일을 충실히 해야 한다. 나는 이

다음에 대학생이 될 테니 유치원 일은 안 한다고 해서는 안 된다."(류영모, 『다석 어록』)

6월 20일 매바위 안골에 들어가서 하루 온종일 머무신 것은 이 땅에서 삶을 끝내는 일을 한얼님께 아뢰고 허락을 받기 위한 기도였음이 분명하다. 예수께서 십자가 죽음을 결행하기 전 겟세마네 동산에서 혼자 기도를 올린 것과 같은 성질의 기도였을 것이다.

6월 21일의 가출 사건은 행선지를 알리지 않고 갔으나, 뒤에 나타난 것으로 보면 평창동으로 가서 보토현 재를 넘어서 정릉 쪽으로 가신 것이다. 옛날 김교신 님이 정릉리에 사실 적에 보토현 고개를 넘어서 구기동에 자주 다녀가신 적이 있다. 다석 스승님도 김교신 님 댁에 무교회의 성서연구회가 있어 초청받으면 보토현 고개를 걸어서 넘나들었던 곳이다. 그러나 김교신 님은 광복 되던 해 4월에 세상을 떠났다. 다석 님에게는 그곳에 아는 이는 한 사람도 없다. 그런데 왜 그쪽으로 갔을까? 더구나 죽으러 집을 나온 처지가 아닌가. 죽기로 작심한 다석 님이라 만나야 할 귀한 분들이 그곳에 있다. 바로 4.19의거에 순국한 학생들의 의사 무덤이 그곳에 있다. 다석 님은 사람의 가장 보람된 삶은 한얼님이 주신 사명(使命)을 이루기 위하여 목숨을 바치는 사람이라고 말하였다. 예수가 그렇게 살고 갔다는 것이다. 예수가 말하기를 "사실, 나는 진리를 증거하기 위해 태어났고, 그 일을 하려고 이 세상에 왔소."(요한복음 18:37)라는 구절은 "이를 위하여 났으며 이를 위하여 죽으러 왔나니 곧 진리(얼나)에 대하여 증거하려 함이니라."(류영모 의역)라고 옮겨야 한다고 말하였다. 4.19에 이 나라의 민주주의를 위하여 죽음을 택한 4월의 의사 학생들도 예수와 똑같은 생각을 하였을 것이라고 하면서, 그날 서울 하늘에 성령의 바람이 분 것이라고 말하였다. 류영모 님은 그전에도 몇 번 4.19 묘지를 찾아 4.19에 순국한 의사들을 추모한 일이 있었다. 이제 류영모 님이 스스로 세상을 떠나려는 마당에 그들의 무덤을 찾는 것은 너무도 자연스러운 일일 것이다.

다석 님은 정치를 멀리하면서도 나라, 민족, 정치에 대해서는 관심이 지극하였다. 다석 님은 한얼님 사랑과 이웃 사랑을 민주주의에서 이루는 것으로 보았다. 민주주의에 대한 다석 님의 생각이다.

> "이 씨알(民)을 위함이 한얼님을 위함이다. '이 소자 중에 가장 작은 자에게 한 것이 내게 한 것이다.'(마태복음 25:40) 백성(씨알)을 모른다 하면서 한얼님만 섬긴다 함도, 한얼님을 모른다 하고 백성만 위한다 함도 다 거짓이다. 이 시대가 민주주의 시대가 되어서 처음부터 마음이 민주(民主)가 되어야 한다. 씨알이 나라의 임자가 된 것은 천의(天義)요 천도(天道)이다. 예수를 정말 믿고 염불(念佛)을 정말 하는 사람은 씨알(民)님을 머리에 인 자이다. 미워할 것을 미워하고 좋아할 것을 좋아하는 게 우리의 표준이 되어야 한다. 4.19 때 나타난 것은 미워할 것을 바로 미워한 것이다. 그렇게 잘할 수 없다. 그것은 한얼님이 시키신 것이다."(류영모, 『다석 어록』)

다석 님은 몇몇 잡지에 글을 기고한 일만 있지 개인 저서를 출판한 일은 없었다. 사망 예정일을 정하고서 1955년 4월 26일부터 일기를 쓰기 시작하여 1974년 말까지 20년 동안 계속되었다. 1975년 1월 1일은 날짜만 써놓고 내용은 없다. 정신 활동이 정상적이지 않았던 것을 말해주는 것이다. 그리고 1977년 87세 되던 해에 가출 사건을 벌인 것이다. 한얼님의 말씀을 받아 사람들에게 알리는 일을 못하게 되었으니 내가 귀히 여기던 내 몸과 가정을 떠나 한얼님 아버지께 가는 것을 서둘러 실현함으로써 한얼님 사랑을 증거하는 것이 유일한 일임을 확신하게 된 것이다. 여기에 꼭 맞는 말이 서해명 님의 시제 「황홀한 실망」, 참이 아닌 것을 다 놓아버리고 참만으로 기뻐함이다. 다석 님의 마지막 선택이 바로 이것이다.

쭉 빠지는 살 보며
쭈그러드는 살(몸) 살피면서 안 죽으러들 맘 먹을손가?
속사람(얼)이 날로날로 새로움을 살필 양이면
솟날 나 몸 벗을 날만 맘에 먹고 서리라
참 쉼에 들과저
돈써 지낸 길 갈가리 갈내기도 하더니만
힘써 오를란 데는 쉼없난 얼숨 쉼으로써만
일 없어서 쉼이 아니고 참 쉼에만 들과저

(류영모, 『다석일지』)

이 사람은 늦게 전병호 님의 전언으로 다석 스승님의 신상의 일을 알고 구기동으로 찾아갔다. 가족들로부터 얘기를 듣고 사랑방의 스승님께로 가니, 마침 사랑방에서 나오시면서 이 사람을 알아보시고 처음이요 마지막으로 손을 잡아주시었다. 그러면서 "어머님께서도 안녕하시냐?"라고 모시고 있는 어머님 안부까지 물으셨다. 다석 님은 서양에서 들어온 손잡는 악수와 껴안는 포옹 인사는 지나치다면서 반대하셨다. 제 손을 제가 포개어 잡고 고개 숙이는 정도면 좋다고 하였다. 더구나 젊은이가 나이가 위인 어른 앞에 손을 불쑥 내놓으며 악수하자고 덤비는 것은 무례한 행동이라고 하였다. 큰절도 할 것까지 없다고 하였다. 큰절은 한얼님께만 하면 된다고 말하였다.

1972년에 양창선이란 젊은이가 청양 구봉 광산에서 갱도가 무너져 땅속에 15일을 버티다가 구조된 일이 있었다. 그때 다석 님 말씀이 땅속에서 15일 만에 구조된 이를 처음 볼 때 손만 잡을 수 있느냐고 하면서 그때는 안아주는 것이 자연스러운 것이라고 말한 일이 있었다. 이번 다석 님이 이 사람 손을 잡는 인사는 이번 가출이 사선(死線)을 넘은 일이었다는 것을 짐작하게 하였다.

그때는 일기를 안 쓸 때인데, 일력(日曆)을 뜯은 종이에 "그눠제계 듬"이라 쓰여 있었다. 마른자리에서 한얼 나라에 들고 싶다는 뜻이다. 바꾸어 말하면 오줌 똥 안 싸고 깨끗한 자리에서 죽고 싶다는 뜻이다. 이번의 가출이 객사하여 옷에 오줌 똥 쌀 겨를 없이 죽고 싶다는 속생각이었음을 드러낸 것이다.

그래도 스승님의 입에서 나오는 소리를 듣고 싶어서 예의에 벗어나는 질문을 해보았다. “선생님께서 이번에 어떤 생각으로 집을 나가셨습니까?” 오랜 침묵 끝에 뜻밖의 소리가 들려왔다. “나, 전과 같아요.” 그러자 사모님(김효정)께서 “무엇이 같아요?”라고 물으시자, 불가(佛家)의 선문답처럼 “똑같은 만큼 같지요.”라는 대답이 있었다. ‘나, 객사하려고 나갔다.’라는 말은 끝내 없었다.

이 사람이 고별인사를 하고서 현관을 나오자 스승께서도 따라 나오시면서 “자주 올 생각 말아요, 바쁠 터인데 이길 저길 갈릴 때나 오면 되지. 그전에는 안 와 보아도 그저 그저 짐작이 가는 것 아니오. 잘 가시오.”라고 하셨다.

몸나는 섭섭이요, 얼나는 빛월(영광)이다. 황홀은 빛월이요, 실망은 섭섭이다. 서해명 님 시집으로 인하여 스승님의 생사관을 조명해볼 기회를 갖게 되어 고맙기 그지없다. 다석 님은 그 뒤로 4년을 더 사시고 별세하셨다.

2020년 6월 광교산 아래에서

박영호

■ 추천의 글

영 · 혼 · 육의 갈증 해소하는 생명수

서해명 시집 『나 없음의 경이』에 대하여 추천의 글을 쓰게 된 것을 자랑스럽게 생각한다. 더구나 일 년에 한 권의 책도 출판이 어려운데 또 한 권(속편)을 출간하신다니 우선 여기서부터 경이를 표하지 않을 수 없다.

'경이'라는 단어에서 떠오르는 것이 있다. 1945년에 발견된 도마복음 2장은 다음과 같다. "예수께서 가라사대 구하는 자는 찾을 때까지 구함을 그치지 말지어다. 찾았을 때 그는 고통스러우리라. 고통스러울 때 그는 '경이'로우리라. 그리하면 모든 것을 다스리게 되리라."

찾았을 때 고통스럽다는 것은, 나를 없애기까지는 긴 시간 동안 많은 시련과 고난을 통하여 담금질되어야 한다는 것을 가리켜 보인다. '나 없음'의 경이가 나오기까지 얼마나 큰 고통을 겪으셨을지, 짐작이 간다.

다석 연구 모임에 나오신 것은 비록 긴 시간은 아니지만,

오랜 시간 이미 내공이 쌓여 있었다. 마치 마른 장작에 다석의 불씨가 붙어 활활 타올라 그 빛을 세상에 환하게 비치게 될 것을 의심치 않게 되었다. 도반으로서 가슴 벅차오르지 않을 수 없다.

인도의 시성(詩聖) 타고르(1861-1941)는 작품 『기탄잘리』로 노벨문학상을 받았을 뿐 아니라, 그의 종교적, 철학적 사상은 온 인류에게 많은 영향을 끼쳤다. 그런 그가 일제 식민지 하에서 절망 속에 고통을 받고 있는 조선을 향해, 더구나 일본 동경에서 조선반도를 바라보면서 지은 「동방의 횃불」이란 시는 그가 영적, 예언자적 성향을 충분히 타고났다는 것을 여실히 보여주었다. 그것을 증명이라도 하듯이, 19세기 말에 조선반도에 다석 류영모가 출현하여 20대부터 오산학교 교사로서, 교장으로서 활동하며 많은 인재를 배출하였다. 그러나 그 무엇보다 중요한 것은 21세기에 필요한 종교철학적 진리사상을 탄생시켰다는 것이다.

'나 없음' '무아' '좌망' 또 '없이 계신 하나님' '얼나' '참나' 등 동서양의 모든 사상을 관통하는 새로운 사상을 탄생시켰으니, 이것이야말로 '동방의 횃불'이 되기에 충분하다고 생각된다. 그 여파로 다석 류영모의 사상의 영향을 받아서 서해명 선생이 누구보다 앞서 세상에 좀 더 쉽게 널리 전파하고자 하는 사명감에서 『아무것도 아님에 대하여』와 후편으로 『나 없음의 경이』를 출간하게 되었으니, 얼마나 큰 기쁨인지 헤아릴 수 없다.

이 책들(『아무것도 아님에 대하여』, 『나 없음의 경이』)은 복권에 당첨된 것과 같은 행운을 독자 여러분에게 선물해 줄 것이라 확신하는 바이다.

우리의 영·혼·육의 문제를 해결하는 해답을 여기서 발견하기를 소원한다. 아무쪼록 계속 속편이 출간되어서 이 시대의 갈증은 물론, 삶의 문제의 정답을 찾는 데 큰 보탬이 되기를 기원하는 바이다.

2020년 5월 16일

다석사상연구회 **최성무** 목사

머리말

'아무것도 아님에 대하여' 1집을 탈고하고도 말씀은 계속해서 들려왔습니다. '나 없음'의 세계를 얘기하라고, 그리고선 '나 없음'의 세계를 확장시켜 가며 보여주셨습니다. 마치 네가 본 진실의 세계를 얘기하라 하시는 듯 글제도 같이 주시는 것이었습니다. 느껴지고 체험되는 '나 없음'의 신비한 세계를 글로 옮기는 시간은 얼마나 행복한 시간인지 모릅니다.

모든 것이 사라지고 아무것도 없는 선정(禪定)의 공포에서 빠져나와 '이게 뭐야? 이게 뭐냐고?'를 되뇌이며 방황하던 때가 지나고, 흑암의 공(空)의 세계에서 평화를 맛보며 나름 불성을 보았다고 생각했으나 평온이 지속되지 못하는 갈등이 남아서 헤매일 때, 분별에서 벗어나 하나임을 본 후로 아무것도 없이 전체로 있음의 황홀함 속에서 '나'란 이렇게 장엄한 존재라는 실체를 보게 되었습니다. 그것은 더없는 신비요 반드시 찾아야 할 우리의 본향이기에 얘기하지 않을 수 없는 진리의 세계입니다.

제 이야기가 아리송해 보일 수 있지만 어떻게 유(有)인 말을 사용하여 무(無)를 설명할 수 있겠습니까? 이 세상이 관념의 세계요 실제로는 존재하지 않음을 이해할 때, 어떻게 그런 세상을 묘사할 수 있을까요? 따로 존재하는 것은 아무것도 없고, 전체가 하나로 있습니다. 아무런 분리도 없기에 '있다'뿐입니다. 분리되어 있는 대상은 아무것도 없습니다. 말도, 시간도, 생사도 없습니다. 아무것도 없는 오로지 사랑만이 충만한 자유의 세계입니다. 깨달음이라는 말도 없는, 정말 아무것도 없이 있는 세계의 이야기입니다.

하루종일 생각해도 생각할 거리가 충분한 시도 있을 것이고, 생각할 것 없는 '나 없음'의 얘기도 있을 것이며, 자유가 주는 기쁨의 세계를 누려보도록 촉매가 되어줄 시도 있을 것입니다.

이 세상에서 '가장 중요한 것은 깨달음'이라는 생각이 들어 그 이야기를 하지 않을 수 없었습니다. 표현의 부족함은 염려의 대상이 되지 않았습니다. 오히려 어떡하면 이런 세상을 맞이할 수 있을까를 함께 살펴봄이 초점이 되어야 한다고 생각했습니다. 먼저 저의 첫 책인 『아무것도 아님에 대하여』를 읽어보시기를 권하고 싶습니다. 무엇보다 이 세상이란 관념이 만들어 놓은 거짓임을 이해하는 것이 중요하고, 자유는 생각을 믿지 않음에서 얻을 수 있음을 이해해야 합니다. 이 세상은 내 마음의 작품이어서 꿈속을 헤매임에 괴롭지 않을 수가 없습니다. 꿈에서 깨어나 '나 없음'의 실체를 보면 괴로울 순간이 없습니다. 맑은 물가에서 목말라 애태우는 안타까움은 내가 있다고 믿는 데에 있으므로 '나 없음'의 실체를 보시기 바랍니다. 내가 얼마나 장엄하고 기특한지 기뻐 춤을 추실 것입니다.

예수의 광야에서의 고행과 석가의 6년 고행은 우리 인류에게 너무나 큰 선물입니다. 깨달으면 아버지 세계요, 깨닫지 못하면 괴로움에 머물러 있어야 합니다. 그러니 안타까움과 목마름에 그리스도와 부처의 세계를 찾아나서게 됩니다. 끊임없는 노력과 정진으로 나의 실체를 찾는 여행은 계속해야 할 충분한 가치가 있습니다. 상상만으로도 황홀한 자유의 세계, 모든 것이 갖춰진 더 이상 바랄 것이 없는 세계, 그곳이 '나 없음'의 세계입니다.

내 생각을 믿지 않으면 자유입니다. 진리는 너무도 단순하여 생각에 머무름이 없이, 오는 그대로 보는 것입니다. 무엇이 어떠하다고 생각함은 관념에 불과하여 믿을 것이 못 됩니다. 아무것도 가지지 않은 자유를 상상해 보세요. 생각이라는 장난감을 가지고 놀기만 하시고 붙잡지는 마세요. 오는 대로 떠나보내고, '있는 그대로' 보세요. 걸림이 없이 홀가분한 상태에서 자유를 만끽하십시오. 세상이 너무도 아름다워 기쁨에 찬 나날이 이어집니다.

'나 없음의 경이'는 너무도 많은 것을 선물합니다. 이 많은 것을 놔두고 무엇을 가지려 생각하는 협소함에 머무르려 하십니까? 가지는 순간 떠나버리는 것들에 매달려 괴로움에 시달릴 일은 없지 않겠어요? 우리는 아버지께서 주신 모두를 갖고 있습니다. '하늘나라가 너희 안에 있다. 모든 것에 불성이 있다.'는 그리스도와 부처의 말씀은 놀라울 정도로 똑같이 우리들 내면의 자리를 가리켜 보입니다. 내 안에 다 있음인데, 역설적이게도 '나 없음'일 때 볼 수 있는 세계입니다. 나, 남이 없는 모두가 하나인 세계에서 사랑 안에 살아가게 되시기 바랍니다.

제1집 『아무것도 아님에 대하여』에 이어 제2집인 『나 없음의 경이』를 들고 박영호 선생님과 최성무 목사님을 찾아뵙고 추천서를 말씀드리자 흔쾌히 허락하심에 깊이 감사드립니다. 이번에도 출판과 더불어 서평까지 기꺼이 맡아주신 유영일 사장님께 깊은 감사의 말씀을 드립니다. 또한 깨우침의 길에서 함께 영성을 나누며 고언을 아끼지 않으신 민승돈 장로님과 이순임 목사님, 그리고 많은 도반님들께 감사의 말씀을 드리며, 이번에도 많은 조언과 함께 교정을 함께해준 제자 이창엽 군에게 고마움을 표합니다.

함께 하고픈 마음이 간절하여 당신과 함께하고자 함이라고, 너그러운 마음으로 봐주시기를 머리 숙여 청하오며 '나 없음의 경이로움'을 체득하시기 바랍니다.

不在 **서해명**

차 례

Ⅲ. 길 위에서 부르는 노래

Ⅳ. '나 없음'의 경이로움

V. 침묵의 향기

I

있는 그대로

●

●

●

있는 그대로의 삶은,
내가 없이 그대로 봄이며
무엇으로 보는 게 아니고
있음 그 자체입니다.

봄이 오는 소리

봄이 오는 소리가 들립니다.
나무들은 벌써 수액을 끌어올리기 시작했는지
나무 색깔이 달라집니다.
이 모든 '소리 없는 혁명'이
나와는 무관하게 저절로 일어나고 있습니다.
내 것이라 믿고 있는 이 몸,
내 뜻을 주장하지 않는데도
저절로 숨을 들이쉬고 내쉬면서 할 일을 다 하듯이.

할 수 있는 일은 하나도 없으면서
이 일 저 일 관여도 많이 하고
봄이 오는 소식을 아는 듯이
제법 생각을 굴려보지만
아는 것은 하나도 없습니다.

자연의 변화를 보면서 내 뜻과는 무관하게
맡겨진 순서대로 변화하건만
기어이 아는 척 뭔가를 해보려 합니다.
자국도 나지 않는 일을 제가 했다 여기는지

옮겨 심은 나무를 흐뭇하게 쳐다봅니다.
아무것도 한 일이 없음에도
가지에 물은 오르고 싹은 움터 머리를 내밉니다.

무엇을 더 바라는가요?
내 것으로 만들려는 마음만 없으면
그것이 다른 곳으로 갈 일도,
없어질 일도 없습니다.
있는 그대로 놓아두고 보면 될 일을
굳이 내 곁에 두려는 마음에
봄이 오는 자리에 갈등이 대신합니다.

자연과 하나 되어
변해가는 무상(無常)의 존재임을 안다면
굳이 관념의 굴레를 만들지도 않겠지요.
머무를 일도 없고, 하려고 애쓰기보다는
'있는 그대로' 봄이
봄이 오는 소리를 제대로 들을 수 있겠지요.
오는 봄을 그대로, 그대로 맞이하는 겁니다.

있는 그대로

있는 그대로 봄이
지금 여기에 있음이요 현존이다.
과거에서, 미래에서 벗어나
지금 있는 그대로 봄이다.

원함을 떠나, 있는 그대로에 만족함이며
모든 것이 함께함에 감사함이다.

있는 그대로의 삶은,
내가 없이 그대로 봄이며
무엇으로 보는 게 아니라
있는 그 자체이다.
아들이기 전에,
있는 그대로요
친구이기 전에,
있는 그대로이다.

의자의 쓰임새는 의자의 역할이지만
있는 그대로 봄은
그것이 나와 하나이다.

이름 없이, 그 어떤 생각도 없이
그저 '있는 그대로' 그렇게 보는 것이다.
해석도 판단도 없어서 나는 없으며
오로지 보여주는 그대로 봄이다.

모든 것에 인격을 부여하고
전체와 하나이며, 아버지와 하나이다.
나를 '있는 그대로' 보기에
걸림이 없어 대자유이며
사랑 안에 있음이다.

비

창밖에 비는 내리고
내리는 비를 보며 아무 생각이 없음은
비가 내리는지 내리지 않는지
비 내림도, 비 내리지 않음도 하나이기 때문이죠.

비가 내림을 의식함은 내리는 비에 갇히고
비는 비대로 갈 길이 있어서
가는 비를 굳이 붙잡을 일은 없습니다.

유유히 나래 펴고 창공을 나는 새는
제 하고픈 대로 나래를 펴는데
나는 왜 나에 가두려 하겠어요?
내리는 비를 보며
멍때림의 망중한이나 즐겨봄직하지요.

내리고픈 대로 내리는 비는
빗방울 한 방울도 내려야 될 곳에 내리고
우리네 삶도 그러해야 하기에 그런 거지요.

비가 왜 오느냐고 아버지께 물으면

'너는 몰라도 된다.' 하실 것이요.
참다운 앎은 '모름'이지요.

'비는 왜 내릴까?' 생각하기보다는
아버지께 내맡기고 멍때림이나 할 일이지요.

흐르는 강물처럼

머무는 바 없이 흐르는 강물처럼
끝없이 흐르는 하나님의 사랑을 봅니다.
머무름 없이 영원히 흐르는 사랑을
보고 있습니다.

다만 붙잡고 놓지 않아 머무는 것처럼 보일 뿐입니다.

붙잡고 놓지 않음은 채우고 채우려는 마음으로
하나님도 비우는 분이라는 사실을 모르기 때문입니다.
비움은 자유입니다.
비움은 모든 것을 가질 수 있는 바탕입니다.

잡지 않고 놓아줌이 얼마나 아름다운가요!
붙잡고 애원함이 측은해 보이지 않나요?
가슴 가득 한 아름 안고서도
달라고, 달라고 애원함이 기도인가요?

지금 충분함을 보세요. 그리고 충분함에 감사하세요.
모든 걸 다 주신 아버지께 더 달라 떼쓰지 말고
비우고 비우십시오.

비우고 비우면
더 큰 은총으로 전체가 안겨 옵니다.
흐르는 강물처럼 모두를 놓아 보내면
그 자리에 아버지 나라가 있습니다.

나는 왜 저러지 못할까?

세상에 유일한 악마는 우리 가슴속을
배회하는 것들이다.
우리가 싸워야 할 곳은 바로 이곳이고
이곳을 알아야 한다.

내 안의 이곳을 조금이라도 알아가려면
나는 왜 그 사람처럼 살지 못할까?
묻고 또 물어보는 것이다.

내가 원하는 삶을 보는 것이 아니고
그리도 못마땅한 삶을, 저이는 왜 그리할까?
좋아서? 싫음에도 어쩔 수 없어서?
알 수 없는 그 사람이 이해될 때
그와 나는 하나가 된다.

나를 벗어나 그 사람이 되면,
진실로 진실로 나만 없으면,
모두가 친구다.

나는 왜 저러지 못하지?

가면

가면을 벗어 자신을 밝히는 것.

지금 무엇이 나타나든, 무엇이 있든,
해결책을 찾거나 설명을 구하지 않고
말없이 고요하게 함께 있는 것.
그저 조용히 자신과 함께 있는 것.
그것이 정직함이요, 가면을 벗는 것이다.

그것이 무엇이든 그것과 더불어 평화로울 수 있다면
자신이 '아무것도 아님'을 깊이 체험할 수 있다면
가면을 벗어버릴 수 있다.

얼나 사랑은
가면을 벗은 자기를 발견하는 것이요
세상을 인식하는 방식을 놓아버리는 것이요
'태어나지 않는 성령'과 함께 하는 것이다.

피로

참고 견딤이 얼마나 힘든 일인가?
말씀에 따르려 하지만
참기 어려운 일을 감내해야 합니다.

화내지 말라.
음심을 품지 말라.
원수를 사랑하라.

과연 우리가 해낼 수 있는 일이기나 할까?
참고 해내려다 피로는 쌓이고
평온과는 거리가 멀어집니다.
'하라. 하지 마라.'에 병 들어 사는 인생입니다.

화내지 않으려면 옳음이 없으면 되고
음심을 품지 않으려면 이성(異性)이 멀어지면 되고
원수를 사랑함은 원수를 마음에서 내보내면 됩니다.

'나 없이' 살라는 말입니다.

경의 말씀은 '하라. 하지 마라.'의 얘기가 아니라

'비우고 비워서 너를 없이 하라'는 말씀입니다.
생각을 멈추고 지금 있는 그대로
모든 환경과 같이 하는 것입니다.

경의 말씀은 '깨달아라'입니다.
수행하여 얻어지는 것이 아니라
있는 것을 '있는 그대로' 봅입니다.

감옥

바람이 나무를 가려 더 다정하게 속삭이지 않듯이
아버지의 사랑은 선, 악을 가려
더 따뜻하게 대하지 않는다.

나무가 바람을 거스를 때 부러지듯이
자신을 드러내어 아버지를 보지 못함이 징계다.
세상이 아버지와 함께함이니
세상에 거스르지 말라.
있는 그대로 아버지의 사랑에 감사하라.

기쁨과 슬픔이 하나요
편함과 힘듦이 하나요
선과 악이 하나임을 알라.

기쁨은 슬픔을 예비함이요
편하고 힘듦은 네 생각이지 않더냐.
너 자신을 드러내지 않으면 선, 악은 없나니
아버지의 사랑 안에 모두가 하나임을 알라.

생각이 감옥이다.

아무리 원대하고 좋은 생각이라 하더라도
생각한 만큼의 울타리가 쳐진 감옥이다.

없는 너를 드러내지 말라.
다만 너는 없을 뿐임을 알라.
협소한 너를 떠나 아버지와 같이 있음을 보라.
뭣 때문에 좁쌀보다 작은 네 안에 가두려 하는가?
그대 안에 있는 무한함을 어디에 두려 하느냐?
온 우주가 너임을 보라.

돌부리

앞서가는 사람이 당당히 걸어감을 보고
말없이 뒤따르다
돌부리에 걸려 넘어짐은
뒤에 오는 이를 위해 경고해 줌이다.

돌부리를 디딤돌로 치장하여
가꾸고 가꾸니 걸려 넘어지지 않을 수 없으련만
앞서 넘어진 이 보고도 나는 아니라 한다.

돌부리는 메두사.
쪼개어 부수면 더욱 우뚝 서서
아름다운 디딤돌로 포장하죠.
돌부리 잘 보고 건너감이 최상이라
돌부리 살펴봄이 상책이다.

부모 말 들으면, 부모처럼 넘어진다.
튀어나와 드러내는 '나'가 돌부리.
기회만 있으면 나타나는 '나',
기어코 드러내는 '나',
무심코 드러내는 '나'가 돌부리.

'나'에 물든 돌부리 잠재우면,
걸림 없는 '자유'!
잡지 않고 놓으면,
'나 없음'의 자유!

지혜

사실을 잘못 보고 모름에서 오는 허상을 떠나
모든 것이 실체가 없음을 보는 지혜가 제일입니다.

불을 보고도 불인지 몰라
불에 투신하는 불나방처럼
거짓 나에 속아 '없는 나'를 있다고 믿습니다.

만물이 무상함을 알고, 머무르지 않으며
여여(如如)히 있는 그대로 살아감이 자유요 자비입니다.

지혜 떠난 보시는 자기 드러냄이요
지혜로 보시함이 대자비입니다.

지혜 없는 어떤 것도 가면(페르소나)이요
"하라. 하지 말라."는 가리키는 손가락이며
자비 중의 자비는 지혜입니다.

나는 없고, 아버지 경외함이 지혜요
모두가 하나인 아버지와 함께함이 사랑입니다.

자유

이래야 되고, 저래야 하고
모든 굴레를 있어야 할 것으로 미화하며
자유를 추구하는 한
자유는 족쇄가 되고 더 큰 족쇄를 양산할 뿐입니다.

자신을 묶은 밧줄은 사랑하면서
자신 밖의 삶을, 길 잃은 안타까움으로 보고
두려움의 대상을 인정하는 한
자유와는 거리가 멉니다.

'자신은 바른길에 서 있다.'고 드러내지 않을 때,
두려움은 자신 안에 있음을 보고
두려움의 대상이 되는 자의 손에 있지 않음을 볼 때,
자유는 가까이 있습니다.

진정한 자유! 그것은 내 안에 있어
언제든 누릴 수 있는 제일의 보배.
지금 있는 그대로에 내맡기고
오로지 아버지만이 참자유임을 깨닫습니다.
'나의 부재'가 진정한 자유입니다.

바라보기

그저 보기만 하면 되는 것을
찾고 찾아 헤맵니다.
잡고 있는 것을 놓고
빈손일 때 잡을 수 있듯이
빈손인 채로 놓아두고 그저 보기만 하세요.

아니 계신 곳 없으신 아버지를 찾으려 하지 말고
아버지 계신 곳에 나도 있으니
있는 '나'를 그냥 보기만 하면 됩니다.

해야 되는 걸로 알아온 습관 때문에
붙잡고 늘어져서 뭔가를 이루려 하지만
노력이 아니라 '알아차림'입니다.
수행에서 얻어진 변화가 아니라
원래부터 있던 것입니다.

지금 '있는 그대로' 충분하고
그것을 보는 것입니다.
우리는 정말로 장엄하며 전부이어서
붙잡은 것만 없으면 저절로 보입니다.

붙잡은 협소한 것을 놓으세요.
잡은 것이 아무리 좋아 보여도 전부만 하겠어요?

전부를 붙잡을 수는 없어서
그저 바라볼 밖에
다른 어떤 일도 할 수 없습니다.

꼭두각시

나는 내가 생각한 것이 아닐지도 모른다.

내가 나라고 알아온 나가 누구인지를 모르고 있다.
나는 누구인가?
누가 나를 움직이고 있는가?
에고에 짓눌려 사는 꼭두각시?

내 뜻대로 살지 못하고 조종하는 대로 움직이는 꼭두각시.
원함이, 이념이, 관념이, 종교가… 이끄는 대로
끌려가며 사는 꼭두각시.

나는 어디에 있기에 '나'로 살지 못할까?
한껏 마음대로 해보건만,
결핍은 남아서 아쉬움을 남기고
내가 원한 건 이것이 아닌데, 제가 하고도 아니라 한다.

나라고 생각해온 '나'는 '거짓 나'가 아닐까?
내가 주인인데, 왜? 내 맘대로 안 될까?
나를 찾아 둘러봐도 '없는 나'를 찾을 수는 없어서
물끄러미 쳐다보니 없는 '그놈'이 '나'이다.

있다고 믿는 나는 꼭두각시요
'없는 나'가 참나이니 '나' 없이 삶이 참삶이라.

주인은 없는 데에 있었다.
'나의 부재'가 참이요, 대자유다.

의식

알아차리고 있음을 알아차리고
사색하는 것에 대해 사색할 수 있고
의식을 의식하는 '나'가 있다.

'의식이 존재의 모든 경험이다.' 여기면
한갓 뇌 작용이라, 뇌 활동으로 여기지만
의식을 의식하는 나가 있어
지금까지의 나를 나로 보지 않고
나 너머의 나가 있음을 보게 된다.

의식을 의식함을 넘어 '있는 그대로' 보면
모두가 '하나임'을 본다.
하나임은 있음으로 충분하여 어떤 의식도 없이
'있음'뿐이며 아무것도 없다.

멍때림

할 일 없이 멍하니 바라봄이 게으름같이 보여도
하는 게 아니고, 하여지고 있으며
하는 게 문제입니다.
다 갖춰진 곳에서 할 일이 무엇이 있겠습니까?

생각할 것이 없이 멍하니 있음은
생각할 것이 없기에 멍하니 있는 것입니다.
생각하는 게 문제입니다.
생각지 말고 그저 보기만 하세요.
의식이 필요 없는 곳에선 보기만 하면 됩니다.

아무 생각 없이 모두를 내맡기고
걸림 없는 대자유를 누리세요.
가진 게 없음이 얼마나 행복한지
그 어떤 것도 없이, 나도 없이
광대무변한 우주와 하나가 되세요.
그것이 진정한 '나'입니다.

힘듦

힘듦이 무엇인지 아는지요?
내가 '힘들다'에 사로잡히지 않는다면
힘들고 편함이 하나임을 봅니다

'코로나 19'가 여러 곳에 창궐해도
내 생각이 없으면 불안할 이유는 없습니다.
일어나지 않은 일을 미리 걱정할 일도 아니요,
바이러스의 창궐이 어떤 선물을 할지
우리는 모릅니다.

지금은 힘들어 피하고픈 마음이 간절할 때에도
지나고 보면 좋지 않은 일은 없습니다.
일어나는 모든 일은 아버지의 선물로,
좋은 일입니다.

전쟁마저 지나고 보면 선물한 게 많음을 봅니다.
지나간 태풍이 득이 되었음을 보고
힘들었던 날들이 없었던들 오늘이 없었으리라는 것을
확연히 그리고 회심의 미소를 머금고 바라보고 있습니다.

환경이 우리와 하나임을 보세요.
일조 개가 넘는 은하가
당신 한 사람을 창조하기 위해 모두 필요합니다.
우주가 없다면 당신도 없겠죠.

그리고 그 모든 것은
우리를 위해 있습니다.

생활의 변화는
우주가 우리를 위하여 일하고 있음을 보여주는
또 다른 방식입니다.

변화

죽음은 철저한 변화의 순간이다.
우리가 오로지 특정한 형상과만 동일시한다면
죽음이 끊임없이 밀려오는 변화의 물결임을 부정하고
죽음에서 벗어나 생존하고픈 욕망에
변화의 그물에서 빠져나갈 방도에 집착할 것이다.

죽음의 본질은 변화와 변형이며
끊임없는 변화의 연속이다.
생로병사는 변화 혹은 변형을 설명하는 방식이며
세포의 죽음과 탄생의 부단한 과정이다.
죽음의 실재는 끝이 아니라 변형이며
생명이 한 형태에서 다음 형태로 변하는 것이다.

태어남은 끊임없이 일어나고
삶도 끊임없이 일어나고
죽음도 끊임없이 일어나고 있다.
형상이 그대로 유지되지 못하고 있을 뿐
생명은 시작도 끝도 없다.

우리의 본성은 태어날 때 존재하게 되는 게 아니고

죽을 때 존재하지 않게 되는 게 아니다.

생명이 취한 형상만이 태어날 때 존재하고
죽을 때 존재하지 않게 될 뿐.
형상은 변하지만, 우리의 존재는 시작도 끝도 없다.

무시무종의 영원의 세계에서
태어남도 죽음도 없는 '얼나'는
모든 형상을 일으키고,
모든 형상이며,
형상이 변해도 남아있는 것이니,
본질이고 실재이며 늘 여여(如如)하다.

경계

한없이 펼쳐진 우주에 경계를 그어
축소할 일이 있나요?
'나'를 있다고 믿으면 나와 남을 분리할 수밖에 없지만
내가 없는 세상에 경계가 있을까요?

위대한 스승조차 우리와는 분리되어
예수와 석가를 떠받들어야 할 우월한 존재로 보는 한
우리와는 다른 숭배의 대상일 뿐
우리와 함께하지 않습니다.

나와 남이 분리되어 있지 않음을 알아차리면
깨달을 것도 없고 깨달아야 할 일도 없이
그저 보기만 하면 됩니다.

모두가 평등하며 하나인 세계에서
가르칠 것은 무엇이며 진리는 무엇일까요?
앎은 경계의 표상이라
참된 앎은 알아야 할 것이 없음을 아는 것입니다.

경계에서 벗어나는 길은 '나의 부재'에 있습니다.

내가 있음에 모든 경계가 드러나며
나를 부정함이 하나임을 보는 첫걸음입니다.

우리가
그리스도요 붓다입니다.

홀로서기

마음으로 남의 일에 간섭할 때
나는 내 삶을 살고 있지 않습니다.
나 자신에게서 분리되어 있습니다.
그러면서도 삶이 왜 뜻대로 풀리지 않는지
의아해합니다.

삶을 귀하게 여기기보다는 추구하지 않음이
훨씬 더 참된 삶이듯이
'홀로' 어둠 속에서 빛을 보고
고요 속에서 소리를 듣습니다.

삶을 통제하려 들기보다는
가던 길을 머무는 바 없이 홀로 가세요.
어차피 혼자서 갈 수밖에 없는 나의 길.
숲속을 조용히 거닐 듯.

소리에 놀라지 않는 사자와 같이
그물에 걸리지 않는 바람과 같이
흙탕물에 더럽히지 않는 연꽃과 같이
무소의 뿔처럼 혼자서 가라. (법구경)

II

진실의 자리

●

●

●

위대한 스승조차 우리와는 분리되어
예수와 석가를 떠받들어야 할
우월한 존재로 보는 한
우리와는 다른 숭배의 대상일 뿐입니다.
우리와 함께하지 않습니다.
하나님은 항상 우리와 함께하십니다.

신기루

척박한 광야를 떠돌며 목마름에 찾아 헤매다가
오아시스를 봅니다.
기쁜 마음에 달려가고 달려가도
달려간 만큼 오아시스는 멀리 있습니다.

영원히 오지 않을 미래의 일이
달려간다 잡히겠습니까?
뭣 때문에 없는 미래의 일을
원함이란 이름으로 붙잡으려 하십니까?

지금은 없는 과거 속에 살면서
옛날의 영화에 붙잡혀 있으니
곁에 있는 사람이 보이질 않죠.
미래도 과거도 없는 신기루에 속지 말고
있는 지금에 있으세요.

'없는 나'를 찾으려 하니 찾아지겠습니까?
'나는 없다'는 것을 인정치 않으면
신기루에 속아서 찾고 찾다가 지쳐 쓰러집니다.
허망한 세상에서 있다고 믿고 살다가

어느 날 목이 말라 참으로 힘들거든
아버지 찾아오세요.

찾아올 땐, 없는 나는 두고 오세요.
신기루인 나는 있는 듯이 보여도
진실로 진실로 '나는 없답니다.'
'나'의 굴레에서 벗어나 전체인 '나'를 보세요.

모두가 하나인 전체.
오아시스로 풍성한 아버지 나라.
그것은 '나 없는' 신기루가 아닌
실체입니다.

가정(假定)

하나님이 전지전능하심을 내세움은
그 힘으로 나를 도우신다는 가정을 내세우려 함입니다.
가정을 적당히 제시하면
하늘의 별도 따다 줄 수 있어서
먹혀들 가정으로 신의 힘을 빌려, 눈을 가립니다.

가정이 거짓이면 결론이 어떠하든 참이기에
사랑의 하나님이 우리를 사랑하사
전능의 힘으로 구원하신다는 가정은 참인 듯합니다.

하지만 이 가정은 전능의 존재인 참을 내세워
구원하신다는 거짓을 가리고 있습니다.
모든 것을 다 주신 아버지께서
구원해주실 일은 없습니다.

전능의 힘으로 '구원해 주신다'는 가정 하에
이어지는 얘기는 어떠해도 참이어서
못할 일이 없습니다.
믿기만 하면 해주신다면, 믿지 않아도 해주시련만
이때만큼은 믿어야만 한다는 가정에 힘을 줍니다.

가정이 참이어야 진실을 볼 수 있다 합니다.

구원해 주신 아버지가 또 구원해 주실 일은 없으련만
구원해 주신다는 대전제의 거짓은
참으로 탈바꿈해 놓음이 감춰져 있습니다.

사랑의 하나님을 믿고, 안 믿고를 따지는
좀생이 하나님으로 왜곡해 놓음은 숨긴 채
잘못된 대전제 밑의 가정은 참이어야 한다 합니다.

살펴볼 일은 가정이지 결론이 아닙니다.
거짓에 현혹됨은 결론을 살핌에 있습니다.
가정이 참이고 결론도 참일 때 참입니다.

'내가 있다'는 가정은 참일까요?

시험

사노라면 여러 가지 시험에 직면하고
그 시험을 통과하며 살아갑니다.

시험의 시련은 끝없이 일어나
시험에 들게 마옵시고
사단의 유혹에 물들지 않게 하옵소서 기도하지만
시험하는 자는 '나'이며
유혹하는 사단 또한 '나'입니다.

예수께서 사단의 유혹을 세 번씩이나 물리침은
자신과의 싸움에서 이기신 것입니다.
사단에 이긴 것이 아니고, 사단은 '나'이기에
자신의 힘을 사용하길 거부하고
주권자는 하나님임을 선포한 것입니다.

'나' 없이, 하나님이 주권자임을 선포한 순간
그리스도로 거듭나 아들이 되었습니다.
배고픔도, 초능력도, 왕위도

하늘나라와는 비교되지 않기에
에고의 유혹을 물리치고
아버지의 원함을 보신 것입니다.

시험하는 에고를 벗어나 '나'를 없이 하면
하늘나라를 얻는 방법을 주시는 게 아니라
아무 대가 없이 그냥 주십니다.

"너희 아버지께서 그 나라를
너희에게 주시기를 기뻐하시느니라"(눅 12:32).

사상(四相)

전도몽상의 분별심이
아상(我相), 인상(人相), 중생상(衆生相), 수자상(壽者相)이라
탐욕과 분노, 취사심과 애착심이 범부의 가짐이니
이를 버림이 보살의 길입니다.
사상(四相)을 여의지 않고는 여래를 볼 수 없음입니다.

진정한 기도는 바라는 것이 아무것도 없을 때
완성에 이르게 됩니다.
아상(我相)이 없으면 사상을 여의게 되어
바라는 것이 있을 수 없습니다.

구하고 원하는 기도는 '나'가 있음이어서
아버지와 '나'를 분리하는 중생심입니다.
아버지를 보려는 마음이 없음입니다.

아버지 보려는 마음은 '나 없음'입니다.
'나'라는 마음이 없으면
무언가를 바라는 마음이 완전히 내려놓아져
"감사합니다" 참된 기도뿐입니다.

모든 것을 다 주신 아버지께
감사의 기도 말고는 더할 게 없습니다.

감사합니다, 아버지!

건강

건강한 몸, 건강한 정신, 건강한 사회, 건강한 나라,
건강한 인류, 건강한 우주로, 생각을 넓혀가다 보면
털끝만큼도 흠이 없이 완벽한 아버지의 전능하심과
한없는 사랑에 가슴이 벅차오름을 주체하지 못합니다.

건강을 위해 기도할 일이 아니었습니다.
'나' 하나를 놓고 '관념의 나'를 놓고 보니
미흡하고 부족한 것 투성이여서
이것저것 많이도 원하고 구하는 기도를 올리지만
모든 것이 완벽하게 갖춰진 '나' 였습니다.

아들을 부족하게 하실 일이 없을 아버지.
그런 아들임을 보라고 안내자를 보내어
인도하신 아버지께 기도할 것은 아무것도 없습니다.
감사함으로 벅차오름을 감당키도 어려운데
무엇을 더 달라고 기도하겠습니까.

관념의 허상으로 만들어 놓은 '나'를 버리고
아버지께서 주신 '참나'를 보세요.
아버지와 내가 하나이어서 모든 게 갖춰진 나에게

바랄 기도가 하나도 없음을 봅니다.

이웃을 위해 기도할 일도 없습니다.
이웃도 나와 하나이고, 전 우주가 하나이어서
있는 그대로 완벽합니다.
바랄 것이 하나도 없습니다.

생로병사는 완벽한 하나의 변화일 뿐입니다.
이곳에 왔다가 저곳으로 건너가는 과정이며
충분히 즐겁고 행복한 길입니다.
아픔은 '관념의 나'를 믿는 데서 오는 것으로
불생불멸을 보지 못함입니다.

우리는 너무도 건강합니다.
아버지는 내 안에,
나는 아버지 안에 있습니다.

평상심

아버지께 가기 위해 노력할 일은 없습니다.
아버지께 가기 위해 실천할 일도 없습니다.
아버지는 나와 함께 계셔 아버지와 나는 하나입니다.
아버지 하는 일이 내 일이어서 따로 할 일이 없습니다.

우리 모두가 환경이어서 좋을 것도 나쁠 것도 없습니다.
모두가 하나이어서 평등한 것입니다.
환경이, 만물이 나이기에 다르게 볼 일이 없으며
'있는 그대로'에 맡기는 것입니다.

편함과 힘듦도 하나이어서 어느 쪽을 택함이 아니라
주어진 환경만 있을 뿐입니다.
편함을 원함은
밖의 환경이 변하기를 바라는 불가능한 일이기에
편하려 할 일은 없습니다.

환경에 순응함이 아니라, 내가 환경입니다.
하려 하지 말고, 하나임을 보세요.
모두가 하나이어서 다르게 볼 일이 없습니다.
지금 있는 그대로의 자신을 보는 것입니다.

아버지의 사랑은
모든 것을 감사하게 만듭니다.

예수께서 이르시되 "나는 만유 위에 있는 빛이라.
내가 곧 만유라. 만유가 나로부터 나왔고,
또 만유가 나에게 이르노라.
통나무를 쪼개보라, 그러면 내가 거기 있다.
돌을 들어보라, 그러면 거기서 나를 찾으리라."

도마복음 제77절

신을 찾지 않은 사람들

신을 찾아 헤매는 사람들에게
찾지 말고 보라고 하신 분들이 있습니다.

우리 안에 있는 불성을 보고
니르바나님께 가자고 하신 부처님.
너희 안에 하늘나라가 있음을 보라고
설파하신 예수님.
신은 찾는 게 아니고 보는 거라고
우리의 자각을 일깨운 수많은 선각자.

신이 없는 곳이 과연 어디에 있을까요?

"나 외에는 다른 신들을 네게 있게 말지니라."
네 안의 것을 다 비워서
네가 없을 때
'나를 볼 수 있느니라.' 말씀하고 계십니다.

아버지께 안기는 일은
아버지께로 가는 게 아니고
와 달라고 떼쓰는 게 아니고

나를 버리는 것입니다.

아버지와 나는 함께 있어
나를 없애기만 하면 됩니다.

선악과만 따먹지 않으면 됩니다.

기도

"하늘에 계신 우리 아버지,
아버지의 이름을 거룩하게 하시며
아버지의 나라가 오게 하시며,
아버지의 뜻이 하늘에서와 같이
땅에서도 이루어지게 하소서."

아니 계신 곳이 없으신 아버지께서
어찌 하늘에만 계시오리까.
하늘과 땅의 표현은 에고와 참나의 구별이겠지요.
우주의 조그만 별에 지나지 않는 지구가
아들이 없다면 무슨 의미가 있겠어요?

에고에 집착하여, 땅에서 질척거리지 말고
'하늘에서와 같이 땅에서도 이루어지게 하소서.'
얼나 찾아, 하늘나라 찾아
아버지와 같이 있게 하옵소서 기도합니다.

기도는
'조건화된 것'과 '조건화되지 않은 것'을
하나로 보는 명상입니다.

아버지와 함께함이요, 모두가 평등함을 보는 것이요
모래 한 알에도 아버지가 있음을 보는 것입니다.
우리가 그리스도요, 붓다임을 보는 것입니다.

깨달음

깨달음은 세상을 인식하는 방식을 놓아버리는 것이요
'태어나지 않는 성령'과 함께 하는 것입니다.
삶을 통제하고, 최대한으로 이득을 얻으려는 마음을
내려놓을 수 있게 해줌으로써
지금 있는 그대로의 자신을 보는 것입니다.

모든 것이 하나이어서 구하고 원할 것이 하나도 없습니다.
지금 있는 내가 전부이고 충분합니다.
삶을 온전히 받아들이는 은총 안에 있습니다.
아버지께 내맡기고 나는 없는 삶입니다.

십자가

십자가는 나의 정체성을 규정하여 왔다.
내가 기독교인임을 대신 했고,
예수님의 대속의 상징이며
모든 이를 위한 희생과 은혜의 상징이다.

모든 어렵고 힘든 고통의 대명사로
짊어지고 가야 할 책무이며 근본정신이다.
고난을 기꺼이 받아들여 고난과 함께함이다.
피하고픈 제일의 형벌임에도 기꺼이 받아들이는
환경과 나의 합일의 극치.

십자가의 고난은
못 받아들일 환경은 없으며
환경과 함께함이 삶임을 밝히는 것이다.

대속의 은혜에 감사하는 십자가에서
그리스도와 함께 짊어지는 십자가로의 전환이다.

모든 일은 나를 위해 일어난다.

하나임

내가 곧 만유라.
통나무를 쪼개보라, 그러면 내가 거기 있다.
돌을 들어보라, 그러면 거기서 나를 찾으리라.
만유에 불성이 있다.
예수, 석가가 본 하나의 세상이
우리가 보아야 할 하나의 세상이다.
이것이 자각이며 깨달음이다.

자각의 눈으로 본 세상은
환경이 나와 하나이다.
대견한 아들이 대견함의 굴레를 벗어나니 나와 하나요
안락한 의자가 용도를 떠나니 나와 하나다.

환경이 나와 하나임은
어떠하다는 생각 없이
불편함, 편함, 아픔, 고통, 즐거움, 행복을 떠나
온전히 그것과 같이 하는 것이다.
십자가 지고 감이다.

순수한 있음 그대로 나와 함께 함이다.

환경이 나이어서 적응할 것이 없이
'있는 그대로'가 '나'이다.
힘들면 힘든 대로, 아프면 아픈 대로
있는 그대로의 대자유다.

시장 한복판의 고요 속에 있음이요
이 세상에 하나로 있음이다.

포도나무

나는 포도나무요 너희는 가지니 저가 내 안에,
내가 저 안에 있으면 이 사람은 과실을 많이 맺나니
나를 떠나서는 너희가 아무것도 할 수 없음이라 (요 15:5).

사과나무에 열린 사과가
자기를 만들어 낸 나무를 떠나
나는 사과라는 정체성을 내세우며
자기를 드러내려 하더라도
사과는 사과나무 없이 존재할 수 없고
둘은 하나입니다.

지구 위에 사람들이
자기를 만들어 놓은 온 세상과 관계없이
자기만을 '자기'라고 내세우면
세계를 떠나 홀로 존재한다는 것이죠.

지구가 태양계를 떠나서
태양계는 우리 은하를 떠나서
우리 은하는 전 우주를 떠나서
혼자만의 정체성을 드러낼 수 없듯이

사과가 사과나무를, 우리가 온 세계를 떠나
나만으로 존재할 수 없습니다.

우리는 환경 안에 존재하고
환경과 나는 하나입니다.

내면을 바라보고 '내가 없음'을 알고
밖을 보고 '내가 모든 것'임을 아는 것이
자유요 사랑입니다.

무아(無我)가 전체요
전체는 무아(無我) 안에 있습니다.

포도나무를 떠난 가지는 없습니다.

분리

어디에나 계시는 그리스도.
하나임.
모든 것은 온전히 하나인 하나님으로부터 나와
하나의 전체운동으로 이 우주를 보면
분열이나 분리는
더욱 깊은 연합을 위한 것일 뿐입니다.

분리된 세계에서 선택적으로 보는 방식이
얼마나 폭력적이며 파괴적이었던가.
심지어 하나님의 관심이 하나님 자신뿐이라는 생각으로
우리를 내몰며, 하나님과 우리를 분리하였습니다.
분리된 우리는 신의 노여움에 떨며 화목제물을 바치고
남보다 우월해지려 경쟁의 소용돌이 속에 바둥거렸습니다.

타락하고, 욕된 것들이 없다면
역사의 흐름에 맞서는 반발들이 없다면
온전한 전체로 진화되어 갈 수 있을까요?
우리가 하나라는 사실을 알면
일어나는 모든 일이 하나의 전체운동으로
일어나는 모든 일은 아무것도 배제될 것이 없습니다.

일어나야 되기에 일어나는 것입니다.

환경은 '있는 그대로' 보면 되어서
친밀한 나와 하나 된 환경입니다.

만물이, 환경이
'나'입니다.

구원

무엇으로부터 구원인가요?
영원히 불타는 지옥으로부터 구원해 주기를 간구하는가?
분리된 세계에 계시는 '예수'로, '배타적인 예수'로
그리스도는 성(姓)에 불과한 '예수'로 치부하고 있는가?
예수의 가장 중요한 목적이
개인적인 구원의 수단을 마련하는 것이라 믿는가?
예수의 이름으로 기독교 문화를 전파하는가?

다 갖춰진 곳에서 간구할 것이 있나요?
그리스도는 어디에나 계십니다.
구원은 우리와 함께 계시는 그리스도를 보는 것입니다.
우리는 죄인이 아니며 아버지의 아들입니다.
아버지는 모든 것과 모든 사람 안에 계셔
구하고 찾을 것이 없습니다.
지옥도, 천국도 없으며
오로지 완벽한 아버지 나라만이 있습니다.

모두가 하나이어서
거리가 없는 친밀함으로 사랑 안에 있습니다.
내가 그리스도요 부처라는 사실이 구원입니다.

보기 좋음

보시기에 좋음은 '나 없이' 행함입니다.
내가 하는 것이 아니고
맞닥뜨린 일이기에 생각 없이 하는 것입니다.

구제함도 아니요
목마른 이에게 그냥 물을 주는 것입니다.
바람이 불면 풀이 눕듯이
함이 없이 하는 것입니다.

그가 '나'이기에
내가 나에게 하는 것입니다.

대속의 십자가에 감사함이 아니라
그리스도의 십자가 지고 감입니다.

편애

"종들이 길에 나가 악한 자나 선한 자나 만나는 대로
모두 데려오니 혼인 자리에 손이 가득한지라" (마 22:10).

악한 사람, 선한 사람 가리지 않고 다 받아주시는 아버지,
누구를 배제하고 누굴 편애하겠습니까?
하나님이 왜 모든 자녀를 두루 살피시지 않겠어요?
하나님은 자녀들 가운데 더욱 아끼시는 자가 있을까요?
그렇다면 그는 얼마나 불행한 자인가!

그리스도는 어느 누구도 편애하지 않습니다.
배제를 배제했습니다.
자기만을 특별히 아껴달라 애원하는 자의
구별된 기도가
구하지 않으면 모른 체하는 어버이가 있는 듯이
변모해 놓았습니다.

울타리를 쳐놓고 자기들만의 하나님인 양
편애하는 아버지로 축소해 놓고
자기들은 선택된 사람이라 남들은 배제하며
배제하는 예수님을 그려놓고 있습니다.

믿든, 믿지 않든 우리는 하나님의 자녀이며
행여 아들임을 모르고 종으로 살아감을
안타까워할 뿐입니다.
종이라 칭하며, 주인으로 살지 못하는 자녀를 기다리며
'두드려라, 열릴 것이요. 구하라, 얻을 것이다.'
일깨우고 계십니다.
없는 나를 떠나 '참나'를 찾으라 하십니다.
나를 버리면 '아버지는 네 안에 있다.' 하십니다.

에덴 동산

인간은 결코 하나님으로부터 분리된 적이 없습니다.
인간이 스스로 판단이라는 부정적인 선택을 하여
선악과를 따먹고서 에덴동산을 떠났을 뿐입니다.

'그리스도 안에 있다.' 함은
에덴 동산에 하나님과 함께 있다는 뜻이며
판단하지 않으면
선악과만 따먹지 않으면,
하나님과 함께 에덴 동산에 있습니다.

그리스도는 천지창조 이전부터
영원히 함께 계셔
우리의 관념에서 떠나면
언제든지 어디에서나 모든 것 안에 계십니다.

아담과 이브가 에덴 동산을 떠난 후
모두가 떠나 살 수밖에 없는 것이 아니라
그리스도 안에 있으면 누구나 에덴 동산에 있습니다.
해석하고 판단하는 나를 없이하면 에덴 동산에 있습니다.

에덴 동산은 모두가 하나인 전체이며 어떤 곳이 아닙니다.
판단하여 분리해 놓은 나의 관념을 떠나면
본래 있던 그대로의 세계, 모두가 하나인 세계입니다.

판단하는 내가 있으면 에덴 동산이 아니요
내가 없으면 에덴 동산입니다.

죽어 없어지는 은혜

"내가 진실로 진실로 너희에게 이르노니
한 알의 밀이 땅에 떨어져 죽지 아니하면
한 알 그대로 있고, 죽으면 많은 열매를 맺느니라.
자기 생명을 사랑하는 자는 잃어버릴 것이요
이 세상에서 자기 생명을 미워하는 자는
영생하도록 보존하리라" (요 12:24-25).

날 희생하여 많은 이를 이롭게 한다 함은
나를 드러내는 어색함이 자리합니다.
희생한다 함은 내가 있어, 그 내가 한다는 것이요
희생함이 없이 순전한 자아의 반영이어야 합니다.
'내가 없이' 해야 합니다.

내가 살아서 아버지께 가려 함은
내가 아닌 그림자가 가려 함이니
그림자를 안아줄 아버지가 어디에 있을까요?
'참나' 찾아 그'나'가 아버지 찾아갈 때
아버지는 기뻐 아들을 안아줄 것입니다.

죽지 않고 있으면 그대로요
죽으면 많아지는 신비.

내가 없어야 영생하는 신비.
참나를 찾는 길이 내가 죽는 길이요
죽어 없어야 나타나는 아버지의 은혜.

나를 없이 하고 아버지 나라를 주옵소서. 아멘!

보호기도

불행한 사고나 재난에서 보호해 주시길 기도합니다.
가족이 무사하길 기도하고
적으로부터 보호해 달라고 기도합니다.
하지만 기도의 응답은 없습니다.

어찌 기도에 응답하리라 기대하나요?
당신이 선하고 믿는 자여서?
비교 선택하는 하나님을 원하나요?

이미 다 주셨기에 더 이상 들어줄 것이 없습니다.
단지 아버지와 나를 분리하지 않도록
보호해 주시길 기도해야 합니다.
아버지와 내가 하나임을 지켜주시길
'나' 없이 아버지와 하나이길 기도해야 합니다.

기도는 오직 '아버지' 찾음뿐입니다.
아버지! 아버지!

하늘나라

하늘나라가 '있다' '없다'는 얘기는 각자의 믿음에 맡기고
생각해 보니 '있다' 해도 문제입니다.
하늘나라 가는 길에 저승사자가 있어 안내를 해주는지
아니면, 있음이니 안내란 없는 것인지?

모두가 가는 곳인 줄 알았는데
모든 곳이, 전체가 하늘나라이어서
모두가 가는 줄 알았는데….
그래서 지금은 몰라도 괜찮다,
죽으면 저절로 알게 되는 하늘나라이려니….

만약, 정말로 만약에 죽어서도 보이지 않는다면
제 있는 곳이 하늘나라인 줄 모르고 헤맨다면
이것은 생각해 보아야 할 정말로 큰 문제입니다.
천국에 있으면서 천국인 줄 모른다면
안내자가 무슨 소용이며
가는 길을 알려준들 뭔 소용일까요?

'하늘나라가 네 안에 있다.'는 예수님 말씀이
이승의 얘기인 줄만 알았는데, 저승인들 다를 게 뭐 있을까?

말씀을 믿음으로 갈 수 있다, 믿고 있는 저들을 어이할꼬?
이곳저곳이 다 천국이어서 보기만 하면 되는 천국을
'나' 붙잡고 놓지 않아 보질 못하는 저들을 어이할꼬?

이곳과 저곳은 진화하는 변화에 불과하여
삶과 죽음이 하나임을 모르는 저들을 어이할꼬?
그리스도와 부처가 저곳에 계심은 이곳에도 함께 하심인데
이를 못 보고 찾기만 하는 저들을 어이할꼬?

"내가 진실로 너희에게 이르노니 사람의 모든 죄와
무릇 훼방하는 훼방은 사하심을 얻되
누구든지 성령을 훼방하는 자는
사하심을 영원히 얻지 못하고
영원한 죄에 처하느니라" (막 3:28-29).
이 말씀이 참으로 이러한 뜻이런가?
제 안에 있는 천국을 보지 못함은
어찌할 수 없음의 말씀인가?

모두를 사랑하는 아버지도 아들의 뜻은 어쩌지 못함인가?
하기사 아들의 뜻에 맡김이 사랑이겠지요.

천국의 열쇠는 제가 가지고 있음이니
열쇠는 다름 아닌 무아(無我)요
제나 떠나 얼나 찾음입니다.

하늘나라 열쇠는 얼나입니다.

하나님

신이라 칭하면 여럿이 있는 존재 같고
하느님이라 하면 하늘에 계시는 분 같아서
축소된 분으로 느껴지고
하나님이라 하면 오직 한 분으로
유일하게 존재하는 주재자 아버지.
한 분이어야 하고 더 큰 이가 있을 수 없어서 하나님.
그래서 나는 하나님 아버지라 불렀습니다.

모두가 하나이어서 하나님이라 부르게 된 날,
하나님과 내가 하나임을 보았습니다.
진정으로 나는 아버지의 아들이었고
아버지와 나는 하나였습니다.

만물이 아버지의 피조물인지 아닌지 하는 것은
아무런 의미도 없이 우리 모두는 하나였습니다.
하나이기에 하나님.
하나이어서 평등하고 완벽한 아버지의 나라.

나도 없고 남도 없는, 분별없는 세계.
이름이 없으니 말이 없는 절대의 세계.

알지 못해 모름이 아니라, 알 것이 없는 모름의 세계.
오로지 하나이어서, 친밀함을 넘어 사랑뿐인 세계.

하나님! '나 없음'의 세계,
나만 없으면 하나님 세상입니다.
모두가 하나인 하나님입니다.

일원성

하나님을 깨닫는 데 지적인 능력은
전혀 필요치 않습니다.
너와 내가 없는 하나임을 깨닫는 것입니다.
어린 아기와 같이 순수한 마음,
분별없는 마음이
아버지 보는 마음입니다.

철저하게 자기를 부정하고 부정하여
'나 없음'으로 있을 때 아버지는 홀연히 나타나
아들아 어서 오라 하십니다.

분리된 세계에 있는 한
하나이신 아버지는 볼 수 없습니다.
분별하는 마음이 고뇌입니다.
저능아를 보며 안타까이 여김은
분별심이 부족하다 여김인데
그 아이의 얼굴은 그렇게 맑습니다.
행복이 어디에 있는지 의문이 드는 대목입니다.

'나 없음'이 '나' 밖에 것도 없어서

나와 나 이외의 것이 동시에 사라지고
아버지와 함께하는 하나의 세계입니다.

그 어떤 생각도 믿지 마세요.
아버지의 세계와 비교되는 세계가 있을까요?
무한의 세계가 하나로 엮여진 세계.
비교하고, 더하고 덜할 것이 없는 평등의 세계.
모두가 하나이어서 사랑하지 않을 수 없는 세계.
아버지와 내가 하나인 세계는
'나 없음'의 세계입니다.

분리의 최면에서 깨어나 하나임을 보세요.
겹겹이 쌓인 분리의 최면이
우리를 가두고 있습니다.
어린아이와 같지 않고는
결코 하늘나라를 볼 수 없습니다.

성스러움

모든 존재가 성스럽다는 것이지
성스러운 생각은 없습니다.
하늘에서 땅까지 모든 존재가 성스럽습니다.
모두가 성스럽습니다.

성스럽고, 성스럽지 못하고,
고귀하고, 하찮고,
순수하고, 순수하지 못함은
다 분별하는 생각의 망상입니다.
생각만 없으면 다 성스럽습니다.

생각이 분별할 뿐, 모두는 하나입니다.
생각을 내려놓고 고요히 고요히 보십시오.
다름이 있는가요?

드러난 세계와 드러나지 않은 세계가 하나이어서
생각의 굴레를 벗어버리면
보이는 그대로의 '성스러운 바라봄'의 세계입니다.
'있는 그대로' 분별하지 않으며
먹고, 마시고, 숨 쉬는 것 또한 기쁨이며 성스럽습니다.

해석하고 판단하는 이원성의 망상에서 벗어나면
긍정과 부정은 하나의 고귀한 본성을 표현함이며
말로 표현할 수 없는 진리의 세계를 말로 표현할 뿐
다름이 있는 것은 아닙니다.

하나뿐인 곳에서 무엇이 있을 수 있겠어요?
분별하는 '나'만 없으면 모두가 성스럽고
'있다' 뿐입니다.

존재한다는 것같이 성스러운 게 있나요?
다만 우리가 분별함에서 오는 망상일 뿐
모든 것은 장엄하며 성스럽습니다.

성스러운 생각은 없으며 생각이 문제일 뿐
'있는 그대로' 모든 것은 성스럽습니다.

장엄함

지구라는 미세한 존재 위에 살고 있는 우리가
얼마나 미약한 존재인지 모릅니다.
미약하다 못해 참으로 보잘것없지만
가슴엔 전 우주를 품고 있습니다.

아버지와 함께하는 우리는 우주와 하나입니다.
아버지의 힘을 빌릴 일이 없이
모든 것을 가지고 있는 우리입니다.

아버지께서 다 주셨고
아버지는 사랑입니다.

'나'를 내세우려 힘을 요구하기보다는
전체와 하나인 장엄한 자신을 보세요.
아버지의 아들로 전체와 하나인 '나'를
무엇이 갖고 싶어 왜소하게 만드나요?

보세요! 전체가 당신인 것을.
당신이 만들어 놓은 세상조차 너무 작아서
'나'를 버리면 전체임을 봅니다.

사랑인 아버지께 힘을 요구하지 마세요.
아버지는 사랑이며 힘이 필요치 않습니다.
'나' 또한 그렇게 장엄하여
힘을 요구할 일이 없습니다.

힘이 필요함은 내가 있을 때요
내가 없으면 전체가 '나'입니다.
스스로 장엄함에 눈뜰 때
기특함에 오는 기쁨이 가실 줄 모릅니다.
더 이상 해야 할 일이 없는 기쁨의 나날입니다.

사랑의 하나님

사랑의 하나님으로 충분하지 않나요?
온통이요, 전부인 아버지께서
전지전능해야 할 일이 있나요?
전능의 힘으로 얻어야 할 것이 있나요?
무한의 사랑보다 더한 것은 없습니다.

Ⅲ
길 위에서 부르는 노래

●

●

●

나라는 생각에 붙들리지 않으면
거리가 없습니다
거리 없는 친밀함에 안겨보세요.
조건 없는 사랑의 마당에서
한없는 자유가 춤을 춥니다.

주인과 종

주인의 삶이 좋을까, 종으로 사는 게 좋을까?
끝없는 안일함의 추구.
마음은 주인으로 살고자 하나
어느새 편함을 좇아
결정권에서 멀어지려 남의 눈치에 편승하고,
힘들게 살아야 할 가치는 뒤로하여
'남과 함께 함이 안전하고 편안하다.' 여깁니다.

누림을 생각하면 주인 된 삶이 좋아 보여도
그에 따른 책임과 어려움을 생각하면
굳이 어렵고 힘든 길을 택하지 않아도
남들도 다 그러함을 내세워
종이라 칭하기를 마다하지 않습니다.

조나단의 삶이 아름답긴 하지만
다른 갈매기들과 더불어 애써 외면하고
더불어 삶의 가치를 내세워
오히려 그릇된 길이라 배척하죠.

미약함을 내세워 전능하신 아버지께 내맡김도 모자라

스스로 죄인이 되어
자신의 몫마저 주의 뜻에 따름으로 포장합니다.

십자가 지고 감은 애써 외면하더니
죄인 된 아들을 받아달라 떼씀을 기도로 포장하고
종이라 칭하며 주인 되길 거부하는 아들을
돌아온 탕자라 기뻐 받아주실까?
자각치 못하고, 종이라 칭하는 아들을 돌아왔다 여길까?

힘듦의 자리를 마다하지 않고
지혜로운 아들이 되어 주인으로 사는 아들,
자신은 없이하고 아버지 찾음에 정진하는 아들,
주인 된 삶으로 자유를 만끽하고 사랑 안에 사는 아들,
이런 아들이라야 아버지가 기뻐 받아주는
탕자 아닌 탕자이겠지요.

원함의 덫

오! 끝없는 원함의 바다여!
잠들 수 있으면,
깨어 있을 수 있으면,
돈이 있으면,
힘이 있으면,
건강하면,
심지어 '이런 세상이었으면' 하고,
나하고는 멀고 먼 것에까지 원하고 구합니다.

자유가 구속으로부터 벗어남이라면
나는 왜 원함으로 굴레를 만드는가?

없이 하고, 없이 해도
끝없이 솟아나는 원함의 갈망이여
진정 그대를 잠재울 수는 없는 것인가?

있는 그대로

없으면 없는 대로
아프면 아픈 대로

있는 그대로 바라봄이 자유입니다.

자손이 잘되기를 바라는 원함 같은 어리석음이 없나니
지금의 아들이 뭐가 부족하단 말인가요?
지금 '있는 그대로' 인정하고 사랑하자.

원함이 사랑마저 빼앗는구나
원함이 모든 것을 앗아가는구나.
무서운 원함의 바다여!

지금 있는 것으로 충분함을 보지 못하는가?
빔이란 원함을 없이 하는 것.
원하지 않고 판단하지 않는 것.

그 어떤 것도 자유를 구속할 수 없나니
모든 것을 버리고 '아버지 경외함'이 지혜라.
지혜가 너를 자유케 하리라.

투정

왼쪽 날개는 오른쪽 날개를
오른쪽 날개는 왼쪽 날개를 탓하지만
몸통은 말없이 칭얼대는 아이 보듯
미소를 머금네요.

이래 살아도 저래 살아도 같은 것을 보는 시선은 달라서
트집을 잡고 불편한 심경을 토로하느니
한 세상 그러려니 내맡기고 사는 삶이 어떠할까요?

이쪽이 있으면 저쪽이 있는 세상에서
이쪽저쪽 구분함이 일이련만
양쪽을 같이 봄은 둘이 하나이기 때문입니다.

말씀이 없는 세상도 말씀이 있는 세상과 다르지 않습니다.
말씀을 붙잡고 이말 저말 분분하기보다는
그 말씀을 믿으려 하는지,
정말로 믿고 있는지 물어나 보세요.

상상이 만들어 놓은 허상을 실제 있는 것으로 보려 하면
불필요한 덧칠이 필요하고 거짓이 됩니다.

에고의 모든 것이 거짓임은 이 때문이며
'없는 것'을 있다고 기어이 믿으려 합니다.

모든 말은 존재하지 않는 관념체계일 뿐이며
이말 저말이 다 없음이니 믿으려 할 일이 없습니다.
다만 없는 것을 생각하니, 생각이 괴로움입니다.

생각을 멈추고 가만히 들여다보면
'아무것도 없음'을 봅니다.

얽매임

건강을 생각하면 몸에 얽매이고
사람을 생각하면 그와 내가 분리되어 축소되고
물질을 생각하면 그것에 마음이 쓰이죠.

'나'라고 생각하는 '나'는
몸과 사람 그리고 물질에 얽매여 있습니다.
건강하게, 좋은 사람 만나서
풍요로운 삶을 누리고자 하지만
행복은 그곳에 있는 것이 아니어서
목마름에 찾고 찾아 헤맵니다.

몸과 생각이 다 허상이기에
허상에서 벗어나 참나를 찾으세요.
참나 찾음은 나와 남이 없이
만물이 하나라는 알아차림입니다.
나는 없고 모두와 하나라는 사실입니다.

찾으려 하지 말고
생각을 멈추고 생각에 얽매이지 않음이
나를 없이하는 것입니다.

그 어떤 생각도 없이 '있는 그대로' 보면
그 순간 모든 것이 거리가 없어져
친밀하게 다가와 하나가 됨을 봅니다.
찾지 않고 보는 것입니다.

생각이라는 상상에 얽매이지 마세요.
메뉴와 음식이 같다고 보시나요?
생각과 실재가 같은 것이 있나요?
어떤 설명도 설명일 뿐 실재는 아닙니다.

없는 나를 찾지 말고 없음에서 보세요.
그리스도 마음, 붓다 마음은
'없는 마음'입니다.

분별

부처가 따로 없습니다. 걱정 없으면 부처입니다.
걱정은 분별심에서 나옵니다.
분별심은 세상을 축소하는 지름길로
세상이 요구하는 하나님은 자기들만의 하나님으로
하나님의 빛이 자기들만을 비춘다고 여깁니다.

태양의 빛이 선택적으로 비추나요?
태양 빛이, 비추는 그대로이듯
하나님의 사랑은 온 누리에 퍼져 있습니다.
하나님의 사랑마저 분별하여
편애하는 하나님으로 축소하면
하나님이 얼마나 작아지나요.

분별하는 마음이 없으면 판단하는 마음도 없어서
상상하고 생각할 것이 없습니다.
생각 밖의 세상을 생각으로 보려 하나요?

상이 있음은 분별함이요, 무상함을 보아야 합니다.
얻어도 얻어도 잃어버릴 것을 뭘 그리 생각하나요?
분별심을 넘어 '하나임'을 보세요.

'나 없음'을 믿으면 분별없는 하나의 세상을 봅니다.

나와 당신의 거리가 없는 세상.
그 어떤 숭고한 생각도 거리를 만듭니다.
생각이 없는, 모두가 평등한 세상은
'나'만 없으면 '있는 그대로' 하나인 세상입니다.
'나의 부재'가 황홀하고 불가사의한 하늘나라입니다.

거리

생각은 생각하는 만큼의 거리를 만듭니다.
미움의 생각도 그만큼의 거리요
사랑하는 마음도 그만큼의 거리가 있습니다.

생각은 무소불위의 힘으로 어떤 것도 만들어냅니다.
상상의 나래는 거리와는 관계없이 어느 곳에나 날아가선
부풀리고, 축소하고, 없는 것도 있게 만들어
못하는 것이 없습니다.
하늘의 별이라도 따다 줍니다.
생각을 잘하면 될 것 같은 생각에
상상의 것임을 잊고선 붙잡고 매달립니다.

생각은 상상의 관념에 불과합니다.
없는 것을 있다고 믿게 하는 생각에 붙잡히지 마세요.

그 생각이 없다면 당신은 누구일까요?

거리가 없다 함은 생각이 없는 것입니다.
거리 없는 친밀함에 안겨보세요.
조건 없는 사랑의 마당에서 한없는 자유를 만끽하세요.

생각 없음.
아무것도 없음.
그리스도의 마음.
붓다의 마음.

알 수 없는 의문 (1)

완전하다 믿으며 굳게 잡고 있으면 무슨 의문이 있겠어요?
삶의 짐을 감당하기엔 너무도 작고, 미약하여
스스로 믿을 수 없다 여기면서 붙잡고 놓지 않네요.

완전함을 보려는 대신에
자기의 부족함을 메꿔 줄 신을 모셔놓고
이게 살길이라 믿으며 불완전한 나를 붙잡고
'완전한 나'가 있음을 보려 하지 않습니다.

'완전한 나'와 신이 하나임을 모르고서
신마저 '나를 위한 신'으로 축소하고
믿는다 하면서 내 생각이 이뤄지길 기도하면
그 신이 나의 관념 안의 신일 수밖에 없겠지요.
전지전능한 신에게, 나를 위하고 우리를 위해 일해 달라
인색하기 이를 데 없는 신이 되었습니다.

모두를 위하는 신은 필요치 않아서
자기만을 위해 일하는 신으로 받들어
남을 지배할 수 있으리라 속내를 드러냅니다.
'내 안의 그리스도'라고 말은 같이 하면서

'나만의 그리스도'를 원하며, 날 위해 구하고 또 구합니다.

'불완전한 나'는 '없는 나'인 줄 모르고
불완전하지만 있다고 믿는 데서 오는 우매함입니다.
완전하고 다 갖춰진 나가 있음을 알면
나만을 위하는 인색한 신으로 만들지 않겠죠.

'나'라고 믿는 '나'를 믿지 마세요.
그 나를 버리면 '완전한 나'가 나타나
아버지와 함께 있음을 봅니다.

모두가 하나인
'내 안의 그리스도'입니다.

알 수 없는 의문 (2)

좋은 것이 따로 있고, 싫은 것이 따로 있을까?
내 싫은 것이 저이는 좋아할 수 있음에도
내 싫은 것을 싫어하지 않는다고 싫어합니다.

좋은 것, 싫은 것이 다 내 안의 것이라면
가릴 것도 없으려니와
밖의 것을 이렇다, 저렇다 함은 나하고는 관계가 없음인데
제 느낌을 같이 하려 함은 무슨 연유인지요?

제 있고픈 대로 있는 것을 어쩌라고
내 것인 양 '좋다, 싫다' 주려 할 일은 아니련만
기어이 같이하려 합니다.

이것은 좋고 저것은 싫다 하여 각기 다른 듯이 보여도
하나를 놓고 좋다고도 싫다고도 하는 것입니다.

좋고 싫음이 하나이어서 구별할 일이 아니련만
'나 있음'에 구별하고, 나 없으면 구별할 일도 없습니다.
'나'를 내세우지 않으면, 좋고 싫음은 없습니다.
'나'만 있을 뿐, '나'가 문제입니다.

알 수 없는 의문 (3)

이 길이 아닌 것 같은 줄 알면서도 나는 왜 달리고 있을까?
지금껏 달려온 관성으로 멈출 수 없어서 달리고 있지만
따지고 보면 내 뜻이 아니라 입력된 주술 때문입니다.
'열심히 살아야 한다.'는 주술은
나를 편안히 놔둔 적이 없어
노력만이 선이요, 쉬는 것은 게으름이요
무엇을 위한 노력인지도 모르고
그저 앞만 보고 달렸습니다.
가는 길이 잘못된 길일 수 있음은 노력의 가치에 묻혀
길은 오직 노력이요, 길일 수 없는 노력만이 길이었습니다.

게으름의 가치는 왜 이리 협소해졌을까?
때론 멈추어 제대로 가고 있는지 살펴봄직도 하련만
쉼은 사치가 되어
'그 시간에 남들은 뛴다', 경쟁을 부추기기만 합니다.
열심히 살아야 할 이유가 뭘까요?
앞서고 뒤처지는 것이 노력의 결과일까요?
꼭 앞서야 할까요?
잠시 멈추어
열심히 노력하면 행복해지는지 물어라도 봅시다.

노력해서 행복해질 수 있다면 얼마나 좋을까요?
행복해지는 데 노력은 아무런 영향이 없습니다.
아무것도 하지 않고 놀아도 된다는 것이 아니라
노력 없이, 실체를 보는 노력이어야 합니다.
없는 날 위해 무슨 노력이 필요하겠어요?
'없는 나'를 보고,
갖고 있는 모든 것을 비우라는 것입니다.

열심히 살아온 당신, 이제 쉬어도 됩니다.
살아온 노력이, '없는 나'를 인식하는 것으로 충분합니다.
'없는 나'에게 노력할 것은 하나도 없어서
헛되고 헛됨을 알아
있는 참나를 보아야 합니다.

차이

힘듦과 편함의 차이는 얼마일까?
'말 타면 종자 두고 싶다.' 하듯, 편함은 편함을 좇아
끝없이 결함을 야기하여 평온과는 거리가 있습니다.
편해져 좋을 만하면 더 편해지고픈 마음이 일어
마음은 오히려 불편합니다.

편해지려는 마음이 일지 않으면
오히려 성취감에 흐뭇해하고
주어진 여건이 당연하여 힘듦과 편함은 하나입니다.

돈을 버는 것과 버리는 것의 차이는 얼마일까요?
돈 버는 일은 힘든지도 모르고 신이 납니다.
돈 버는 일이 힘들다 하면서도 더 벌려고
힘듦을 자처하고 나서고
돈 버는 일이라면 못할 일이 없습니다.

'가진 돈을 버리라' 하면 살인이라도 저지를 듯이
달겨들 게 분명합니다.
가진 짐을 내려놓고 편하게 살라는데
힘들어도 좋다며 가진 돈은 절대 버리지 않습니다.

돈의 힘을 믿지 않으면
가지려는 마음도, 없애려는 마음도 일지 않아서
있고 없음에 구애됨이 없이 자유로운 삶입니다.

주인과 종의 차이는 얼마일까요?
주인은 종들마저 책임을 지고 모든 일에
숙고하고 숙고하여 힘들게 결정해야 하지만
종은 별 부담 없이 시키는 대로 하면 됩니다.

종이 때론 주인 된 삶이 부러워 주인 노릇을 해보려 하지만
힘들고 어려워 이대로의 삶이 좋다,
좋은 주인 만나기만 기원합니다.

주인과 종의 차이는 힘듦과 편함의 선택에 달려 있습니다.
스스로 주인이 되어 자유를 누리며 살 것인가?
아니면 편한 길이 좋아 예속돼도 괜찮다,
종으로 살 것인가?
주인 된 삶이어야 한다면서 편함을 원함은 뭣 때문일까요?

우리는 항상 차이에 서 있습니다.

어느 쪽을 택하든 관계없다 할지 모르지만
자유의 가치는 너무 커서 포기해선 안 되는 것입니다.
자유가 삶의 목표일 때, 차이는 소멸하여
갈 길이 정해집니다.

당신은 편하기를 원하나요? 자유롭길 원하나요?
무엇에 얽매여 살기보단 '있는 그대로' 보면
힘들고 편함은 하나입니다.

즐거움

무슨 재미로 사느냐고 물어옵니다.
즐거운 일 없느냐고 물어보는 거겠죠.
즐겁고 재미있는 일은 다 밖의 일이라
내 안에서 찾아보면 없습니다.

식색(食色)에 빠져보고, 함께 놀아보고,
이 일 저 일 즐거운 시간을 가져보지만,
끝없이 할 수는 없어서 뒤끝은 허무합니다.
즐거움은 허무함을 예비하고 있어서
즐거움에 빠져들면 들수록 허무함은 커집니다.

일하는 즐거움은 흐뭇한 성취감이 따르고
우리의 의식을 고양하지만, 그 또한 계속할 수는 없어서
무언가 할 일을 찾아 또 달려갑니다.

나의 재미를 안이 아닌 밖에서 찾음이 아닌 것 같아
안에서 찾아보지만, 내 안엔 아무것도 없습니다.
나의 즐거움은 내 안에 있어야 하는데
아무것도 없는 내 안에
즐거움이란 없는 거였습니다.

지락무락(至樂無樂)입니다.
즐거움 없음이 지극한 즐거움이요,
상락아정(常樂我淨)입니다.
아무것도 없는 내 안에 아버지가 계심입니다.
즐거움은 찾아다닐 것이 없는 안에 있는 거였습니다.

참된 즐거움은 내 안의 아버지와 함께 하는 것입니다.
한없는 기쁨의 나날입니다.

대변인

남을 대신하여 의견이나 태도를 표하는 사람, 대변인.
자기의 이야기가 아니고 남의 이야기를 하는데
얘기하는 자의 이야기로 착각합니다.

정치인은 정치인이고 학자는 학자일 뿐
노동자 이야기를 한다고 해서 노동자는 아니며
기업가의 이야기를 한다고 기업가는 아닙니다.
자신의 견해를 얘기할 뿐 자신의 얘기는 아니며
그 일이 그 사람이 하는 일입니다.

'나' 또한 나를 대변하는 제나(에고)가 있어서
내가 하는 일이 아니고 제나가 하는 일을
내가 날 위해 하는 일이라 착각합니다.

제나는 제나 일을 하고 그게 제나의 일입니다.
왜 그러느냐? 탓하지 말고
대변인 노릇 잘 한다고 칭찬이나 해주세요.

제나는 대변인, '나'가 아닙니다.
제나 보고 '나'라 착각하지 말고

제나 떠나 얼나를 보려 하면
제나를 믿지 말고 비우고 비우세요.

제나의 모든 일은 대변인이 한 일이지
나의 일이 아닙니다.
제나 떠나 '얼나' 보면 아버지와 같이 있습니다.
주인이며 친밀한 사랑 안에 있습니다.

거짓

이 세상에 제일 큰 거짓은
없는 나를 있다고 믿는 것입니다.
상상 밖의 큰 거짓은 판별하기 어려워 사실이 되고
커다란 거짓들은 사실로 받아들여 왔습니다.

이 세상은 내 마음의 산물이요,
내가 있기 전엔 이 세상은 없었으며
내가 있고 난 후 이 세상은 있습니다.
나는 '이런 사람이다' 믿으면, 나는 이런 사람이요
당신은 '그런 사람이다' 믿으면
당신은 그런 사람이 됩니다.
그런 사람일 수밖에 없습니다.

모든 것이 내 마음의 투사이어서
나는 늘 나만을 상대하여 살고 있으며
마음의 모든 것이 나와 하나 되어 사랑받습니다.
궁극적으로 나는 내가 알 수 있는 모든 것이며
내가 알게 되는 것은 '나'는 없다는 것입니다.

변하여 나타날 때마다 이것은 이렇고, 저것은 저러하여

고정된 실체가 하나도 없습니다.
마음마저 상상된 것이어서 당신이 창조한 온 세상은
진실이 아닌 상상물로 가득합니다.
그럼에도 당신은 당신의 창조물을 사랑하여
당신의 세계를 떠나지 않습니다.

거짓은 거짓을 낳아서 거짓의 토대 위에 괴로움을 낳고
없는 데서 찾으니 찾을 수 없어서 갈증은 더해갑니다.
커다란 거짓은 진실로 포장되어 더욱 확고하게 자리하고
그것을 사랑하여 붙들고 놓지 않습니다.

모든 것이 '나'로부터임을 알면,
앎의 뿌리인 '나'를 보세요.
'나'를 놔두고 밖에서 찾으면 모두가 진실인 듯하지만
"나는 없습니다."
있다는 거짓의 눈을 바로 떠서
'없는 나'를 찾아야 합니다.
진실의 바탕 위에 대광명을 비추는 '나'를.

참견

새로운 소식이 들려올 때마다 참견하는 소식도 같이 와서
어느 게 새 소식인지 알 수가 없네요.
훈훈한 소식이 없어서일까 하면 그도 아니련만
기어이 참견할 소식만 잡고 늘어져 자기를 드러냅니다.

자기 생각을 드러냈을 뿐인데 감화됐다 여기고선
참견하길 멈추지 못하고 세상과 멀어져만 갑니다.

참견하지 않아도 되는 훈훈하고 따뜻한 얘기에서
함께하는 정감을 느끼며 살아가면 좋으련만,
노을 진 붉은 하늘 보며, 함께함에 감사해도 좋으련만,
희망에 차서 함께 가자 얘기해도 좋으련만,
애써 외면하고, 시비거리 찾아 참견함이 뭐 그리 좋을까?

세상은 내 만들어 놓은 내 세상이어서
세상이 어찌 보이든 그것은 제 세상입니다.
참견해도 내 나를 참견하는 것이니
내 안에 적을 두고, 평화로울 수는 없습니다.

가타부타 참견할 일은 아니요

내 생각 없이 '있는 그대로' 보고
고요히 평화 속에 깃들 뿐입니다.

관점

'당신은 어디에 있습니까?' 물으면, 뭐라고 답하시렵니까?
'머무는 바 없이 그 마음을 낼지니라.'라 하면
머물고 있음에서 떠나려 하나요?

아름다운 세상은 아름다운 것이 아니요
'아름답다' 불릴 뿐입니다.
내가 가지고 있는 이름이 그럴 뿐.

당신이 지금 가지고 있지 않은 것은
아무것도 갖고 있지 않습니다.

당신이 가지고 있는 것이 무엇인지 살펴보세요.
당신에게 보이는 세상은
당신이 어떻게 보는지를 비춰줍니다.
세상이 어떠하든, 당신이 가지고 있는 그대로입니다.

당신의 마음이 더 맑고 친절하면
당신의 세상은 그럴 것이요,
당신의 마음이 아름다우면
당신의 세상도 아름답겠지요.

당신의 세상은
거울에 비추어진 당신의 마음입니다.

나의 관점을 떠나 진실을 보고 싶거든
내 생각을 떠나서 보세요.
내 생각에 머물지 말고 '있는 그대로' 보세요.

'있을 곳 없음'이 마음이 있을 곳입니다.

비판

비판은 지금까지 보지 못한 것을 보여줍니다.
누가 내게 비판을 가하면 그 비판은 내 것이 되어
새로운 나를 보게 합니다.

그것을 방어하거나 부정하면 고통이 따를 뿐
나의 새로운 면을 볼 기회를 상실합니다.
그것이 설혹 음해하기 위한 거짓이라 하더라도
나에게 그런 성향이 있음은 사실일 테니까요.

내겐 없는 것 없는 모든 성향이 있습니다.
내가 미처 모르고 지나쳐 왔더라도
내게 해준 비판의 내용은 있는 것이어서
모든 이에게 있는 것이니까요.

비판에 감사함은 깨달을 것이 있음이요
비판을 부정함은 아직 내가 남아 있음이니
비판은 나를 깨우는 영양소입니다.

깨달음이란 실은 모든 것을 잃는 것입니다.
내가 가진 모든 것은 거짓이요 허상이니

그것을 잃음은 축복이죠.

비판은 내가 아직 잃을 것이 남아 있음을 일깨움이요
나를 돌아보게 하는 깨달음의 길에 동반자요
열린 마음을 보내주어 비움에의 길로 인도합니다.
아무것도 제외함이 없이
모든 것을 환영하는 길을 가르쳐줍니다.

차별

소수자에게 프레임을 씌워 상(像)을 정하고
그 결정이 옳은 것인 양 드러내어 타인을 차별하고선
자신들의 이익을 지키려 폭력도 마다하지 않습니다.
인종차별, 지역 갈등, 소수자에 대한 편견은
나와 남을 극명하게 분리하여
우리와 다른, 함께하기에 불편한 사람으로 여깁니다.

자기들과 같지 않음에 덧씌워진 불편한 진실이
사실인 양 그려놓고, 자기들만의 세상으로
울타리를 치고는 타인을 배척합니다.

가진 자와 못 가진 자의 간극은
서로를 타인처럼 느끼게 하여
같이 하기엔 너무 멀리 있습니다.
각자의 세계가 따로 있는 듯이 경계를 그어놓고
서로를 배려함이 예의인 양 포장하여 차별합니다.

서로가 없으면 못 사는 세상에서
굳이 차별하여 상대를 멀리함은 무엇 때문일까요?
자기밖에 없기 때문입니다.

더 가지려는 욕심과 지키려는 욕망이 공존하지 못하는
탐욕의 산물, 차별.

버림은 정말 어려운 일이어서
보다 평화롭고 행복한 자유를 상실하면서까지
잡고 놓지 않습니다.

나를 버리면, 나와 남이 없는 세계에서
괴로움이 없고, 나약함이 없고, 거짓이 없는
대자유의 세계입니다.

차별은 '나 지킴'의 세계요
'나 없음'의 세계가
참된 자유의 세계입니다.

현실

현실은 현실일 뿐입니다.
당신이 아무리 바꾸려 해도
애를 쓰고, 속이거나, 긍정적으로 생각해도
현실은 당신의 뜻을 따르지 않습니다.

현실은 어떤 모습이어야 한다는
당신의 이야기가 있을 때
'있는 그대로'의 현실과 다투게 될 뿐
현실은 바꿀 수 없습니다.

현실과 다툼은 헛된 고통이 따를 뿐
내 이야기가 없이 '있는 그대로' 이해하면
바꾸려는 마음 없이 자유로워집니다.

현실이 신입니다.
지금 내가 함께할 수 있는 유일한 길은 현실뿐이며
아버지는 항상 나와 함께 하기 때문입니다.
모든 겉모습의 배후에 있는 진정한 나는
지금 여기에 있는 현실과 마주하고 있습니다.

원함을 현실과 혼동하지 마세요.
내 생각을 떠나 현실과 마주하고 있으면
'나 없음'을 보게 되고, 자기의 정체성은 소멸되어
자유와 평화 그리고 사랑 안에 있습니다.

'나 없음'이 실재요 현실입니다.

병

고난이 마음을 일깨워 자신을 돌아보게 하는 은혜이듯
병 또한 몸을 돌보아 건강하게 지키라는 은혜입니다.
고난이 없이 평온한데 자신을 돌아볼 까닭이 없듯이
아픔 없이 몸을 돌볼 일이 있겠나요?

몸의 소중함은 병이 나야 돌아보게 되고
몸을 잘 가꾸어, 마음에 짐 되지 않도록
건강하게 지키라는 얘기지
오래, 오래 살라고, 병 나음을 주는 게 아닙니다.

수명은 나의 뜻이 아닙니다.
몸을 잘 가꾸어 수명을 연장할 수 있다면
가꾸고 연장하여 죽음은 없겠죠.
얼마간 연장하여 살다가 죽음을 맞이하려 한다면
연장한 기간에 할 일이라도 있나요?

이곳과 저곳이 다름이 아닌데
굳이 이곳에서 해야 할 일이 있다 함은
식, 색을 더하고, 재미 찾아 방황하는 일을 더 해서
무엇을 얻으려 하나요?

이곳에서 해야 할 일도 없으면서
하루라도 더 살고 싶은 마음이 간절함은
죽음이 은혜인 줄 모르기 때문입니다.
탄생이 축복이듯
죽음은 다음으로 건너가는 은혜입니다.

더 살려고 병 나음을 원함은
아버지의 은혜를 물리치려는 어리석음입니다.
아픔 또한 아버지의 은혜이어서
사는 동안 아픔과 같이하다
아버지께 돌아가는 축복을 누리세요.

'나 없음'의 세계에선 모두가 하나이어서
삶과 죽음도 하나입니다.

포기

다리가 불편한 친구는
산 밑에서 기다리며 자족하고
산행하는 우리는 암벽을 만나면
암벽에 매달리는 이들을 멀리서 바라보며
에둘러 돌아서 오르기를 재촉합니다.

각자의 일에 만족하며 살아감이 포기는 아닐진대
자기 탓하며 불편한 마음을 애써 감추면
포기하는 마음은 여간 불편한 게 아닙니다.

장애를 극복하고 살아감이 아름답다 하여
원함을 이루려, 노력하고 노력함이 갈증을 불러오고
포기란 패배의 지름길이라 말하지만
버림이 포기일 수는 없습니다.

버림이 추구함보다 훨씬 어렵고
버림이 가짐보다 훨씬 현명하고 아름답죠.
비우고 비워서 가진 것이 없을 때
포기한 만큼의 자유를 얻습니다.

포기는, 할 수 있음에 대하는 말이 아니며
해야 할 소중한 일입니다.
참으로 추구해야 할 일이 포기이며
이 세상의 가장 아름다운 일은 '자기 포기'입니다.

사랑은 '자기 포기'입니다.

머무름

머무름은 가짐이요, 한계를 긋는 선입니다.
마음은 발 디디고 서 있을
단단한 기반이 전혀 없는 곳입니다.
서 있을 곳이 없음이 마음이 서 있을 곳이요
평화로움에 최적지는 머무름이 없는 곳입니다.

머물지 않는 마음은, 머무를 마음이 없다는 거지요.
'기쁜 우리 젊은 날'을 노래 부른다고
그날이 있는 것은 아니요
애틋한 추억 속에 잠길 뿐 지금은 없는 허상입니다.
아무것도 가진 게 없는 마음에서
머물 곳을 찾음이 얼마나 허망한 일인가요?

'어디에도 머무는 바 없이 그 마음을 낼지니라.'
부처님의 설법이 가슴에 새겨짐도 머무름이 되어
그곳에 있으면 아니 됨이니
어디든 발 디디면 한계 됨을 알아서
모든 것을 없이하고, 없이하여
나를 버림이 머무름 없는 세상입니다.

힘

힘이 있으면 무엇이든 할 수 있다고 믿나요?
그래서 힘을 얻으려 모든 노력을 다하나요?
그렇게 해서 힘을 얻었습니다,
그다음에, 얻은 힘으로 무엇을 하시렵니까?

'불로불사' 영생하며 신과 같은 존재 되어
남을 지배하고 향락을 누리시렵니까?
영생하며 얻고자 함이 향락인가요?
당신이 원하는 것은 신입니까? 지배자입니까?

신과 지배자를 합해서,
전지전능의 힘을 가진 신으로 탄생시켜,
하나님도 자신만을 생각하는 이기적인 신으로
말을 듣지 않으면 징계하는 지배자로
왜곡해 놓은 하나님.

힘이 있으면 하고 싶은 대로 할 수 있다는 꿈같은 원함이,
힘 있는 자를 만들어,
지극히 당연하게 받아들여지고 있습니다.

힘 있는 자의 대표자, '신'.
그 신은 힘 있는 인간으로, 질투하며 배척하고
자기만을 섬기라, 지배자의 권위마저 내세웁니다.
얼마나 인색하고 쪼잔한 존재로 축소시켜 놓았는지 모르고
힘 있는 존재로 부각하여 놓음으로, 다 믿으리라 여깁니다.

신은 모든 것이요 전체입니다.
모든 것이 갖춰진 하늘나라에 힘이 필요할까요?
질투의 하나님은
'자기 사랑'을 떠나 자기를 버리라는 말이요,
아버지만을 섬기라 함은
'나 없음'으로 아버지께 오라는 말입니다.

아버지께 가는 길은 '나 없음'일 때 보여서
'나' 떠나 아버지께 오라는 사랑의 표현 '질투하는 하나님'.
네가 없어야 내가 보인다고, 나만을 섬기라는 하나님.

힘을 얻으려 노력함보다, 버림이 훨씬 더 어렵습니다.
얻으려 노력함은 희망의 길이지만
버림은, 쌓아온 모든 것을 잃는 두려움이 앞섭니다.

가진 힘을 버림이 얼마나 어려운 일인지
많으면 많을수록 잡고 놓질 않아서
모든 걸 걷어가고 난 후에야 아버지를 봅니다.

아버지 보는 길은 힘이 없어야 합니다.
내가 없기에 힘이 필요치 않습니다.

가장 큰 힘은 '나 없음'입니다.
나를 버리면 전 우주가 내 것입니다.
나와 하나 된 전 우주가 아버지와 함께하며
오로지 사랑만이 충만한 황홀한 세계입니다.

진실로 '나'를 내려놓으면
그 어떤 힘보다 위대한 힘, '나 없음'의 힘을 얻습니다.
그리스도와 붓다는 자아 없이 살고, 함이 없이 합니다.

무협(武俠)

절대지존의 무림 고수의 비급을 얻은 인연으로
가공할 만한 힘을 얻은 주인공은 많은 미녀가 따르고
어떤 일에도 소용되는 자금이 넉넉한, 조직의 수장이 되어
무소불위의 권한을 부여받은 선망의 자리에 오릅니다.

물 위를 걷다 못해 사뿐사뿐 날아다니고
고도의 공력으로 못하는 일이 없는 능력자가 되어
신선의 경지에 이르러
언제 죽음을 맞이할지 알 수 없습니다.

이런 사람이 되기 위해 수련을 하거나
이런 사람이 있을 것이라 믿으며
당신에게 나타나기를 기다리고 있지는 않습니까?
재림 예수나 미륵을 기다리듯이.

성경이나 불경을 무협지 보듯이 하면서
힘을 쫓아다니는 일을 언제까지 하려 하십니까?
나는 미약하여 전지전능의 신께 의지하고,
기도하고, 빌면 들어주신다 믿으시나요?
미약한 당신에게 어떤 '신'이

당신이 하지 못할 일을 하라고 하시던가요?

아버지는 자신을 위해서 어떤 일도 '하지 마라' 하시는데
날 위해 구하고 원하면 들어주시겠습니까?
아버지의 원하심은 오직 하나,
너 자신을 버리고 아버지께로 오라는 것입니다.
네가 원하는 모든 것이 거기에 있다고 하십니다.

나를 버리는 일에 무슨 할 일이 있겠습니까?
할 일이 전혀 없습니다.
그저 지금의 '나'는 '거짓 나'요
진정한 '참나'를 보기만 하라고 하십니다.
그저 보기만 하면 됩니다.

이 세상의 무엇을 얻으려는 노력과는 전혀 다릅니다.
이 세상 것은 허상이어서 얻고자 할 가치도 없는 것을
얻으려 발버둥치는 우리가 안타까워
나와 남이 하나이니,
내 안에 이웃이 있음을 보라 하십니다.
아버지를 사랑하고 이웃을 사랑하라 하십니다.

원하고 구하지 말고
내 안에 다 갖춰져 있음을 보라고 하십니다.
내 생각 때문에 보지 못하니 그 생각을 버려라,
'나'는 없고 아버지만이 있다 하십니다.

참된 기도는
무엇을 바라는 마음을 완전히 내려놓은
감사의 기도입니다.

걱정

부처가 따로 있나,
걱정 없으면 부처다.
몸도 '나'가 아니요,
맘도 '나'가 아니니
걱정을 어디에서 찾을꼬.

그림자

떠날 생각일랑 없는 듯 한사코 따라다니던 그림자가
밤이 되면 홀연히 사라져선, 나 홀로 남겨둡니다.
밤의 고요 속에 자신을 찾아보라는 듯이 떠났다가
낮이면 나타나서 찾았느냐 묻는 듯 졸졸 따라다닙니다.

'나'는 나인데 '가짜 나'인 그림자.
그림자 지게 하는 몸을 진짜인 줄 알고 따라다니나 하면
그도 아니어서, 밤이면 사라져서 진짜를 찾으라 합니다.
내 안 보이듯, 몸이란 놈은 가짜라고 암시하듯이
슬그머니 사라졌다, 낮이 되면 나타나서
찾아보았느냐 재촉합니다.

자신을 찾지 말고 있는 것을 그대로 보라고 합니다.
빛에 의해 만들어진 그림자처럼
몸도 허상이어서 아무것도 아님을 보라고,
몸이 실체인 양 믿고 있는 마음도 상상의 것으로
'아무것도 아님'을 보고 그 너머의 실체를 보라고
나타났단 사라지고 사라졌단 나타나는 그림자입니다.

이 세상은 내가 만들어 낸 관념의 그림자.
생각을 믿지 않고 '있는 그대로' 봄은
생각하는 내가 없어야 합니다.

'나 없음'의 실체를 보면 그림자는 사라지고
모두가 하나인 아버지 나라입니다.

두려움

마음은 그 안에서 일어나는
어떤 생각에도 의지하지 않아야 합니다.
무엇에든 의지하는 마음은 편히 쉴 곳이 없습니다.
의지하는 마음은 상실의 두려움에 싸이고
무엇에든 의존하면
자신의 판단이 참되고 자신의 세계가 실재한다고 믿는
에고의 움직임에 갇히게 됩니다.

에고로부터 떠나
자아라는 환상에 응답하는 마음속의 마음은
의존할 것이 아무것도 없음을 얘기하고
에고는 늘 살아남으려 싸우고 있습니다.

자신을 규정해 온 정체성과 말이, 환상일 뿐이라는 사실에
지금껏 이루어온 모든 것을 잃는다는 두려움에 휩싸이고
내 것이 내 것이 아니요, 아무것도 없는 텅 빈 허공이라는
정체성의 부정에 거부감과 두려움이 함께합니다.

갈등은 없음의 세계에 두려움으로 표출되고
'없음이 실체'임을 부정합니다.

비어 있는 만큼 채울 수 있고
없는 만큼 자유롭지 않나요?
가지고 부자유롭길 원하나요,
놓고 자유롭길 원하나요?

그래도 없음의 두려움은 자유보다 더 큽니다.
갖고 가져서 가진 만큼 속박하지만
없는 두려움보단 낫다고 여깁니다.

삶의 목적이 '나'를 찾음에 있다면
상실의 두려움을 이겨내고 '나 없음'의 진실을 보세요.
지식에 의존해서는 아니 되고
'없다'는 실재를 보는 체득이어야 합니다.

아무것도 없이 '나'를 텅 비워놓을 때
다 비워놓은 그곳에 전체가 채워집니다.
전체와 하나된 세계의 황홀함이 펼쳐집니다.
조금 가진 것을 놓지 못해 전체를 잃으시겠습니까?

짐

'무거운 짐 진 자들아 다 내게로 오라.' 말씀하심은
짊어진 짐을 대신 지겠다는 것이 아니라
모든 것이 네 안에 있음이니
너를 버리고 내게 오라는 말씀입니다.

몸은 애초에 당신이 아니기에
몸을 죽이는 육체를 버림은 짐을 벗는 일이 아닙니다.
마음 안에서 마음을 보라는 말씀으로
관념 속에 무거운 짐을 버림은
'그 생각이 없다면 당신은 누구일까요?' 묻는 것입니다.

마음의 유일한 출구는 마음 안에 있습니다.
아무리 심한 망상이라도 '진실이냐?' 묻고 물으며
단순히 자기 자신에게 돌아오면,
참된 본성으로 인도합니다.

평화는 당신이 초대할 때만 옵니다.
자유롭다는 것이 무엇인지,
생각에 머물고 있음이 얼마나 무겁고 부자유로운지,
그 생각에서 떠나 그 생각을 믿지 말라는 것입니다.

어떤 것도 진실이 아니어서 그것을 넘어서라는 것입니다.

어떤 의지처도, 정체성도, 자아도 찾을 수 없으니
없는 짐을 대신 질 것도 없음이어서
짐은 마음이라, 그 마음을 내려놓으라는 것입니다.

내 안엔 진실로 아무것도 없습니다.
가지고 있다는 관념이 짐이요,
내가 만들어 낸 허상입니다.
내 것이라는 믿음, '있다'는 믿음을 떠나
'아무것도 아닌 나'를 보는 것이 진리요, 대자유입니다.

상대세계

행복하길 원하지만, 불행이 곁에 있고
기쁨은 슬픔을 예비하고 즐거움은 고통을 낳습니다.
높고 낮음, 길고 짧음, 크고 작음, 많고 적음…
모든 게 상대적이어서 홀로 있을 수 없어
함께, 같이 있습니다.
홀로 있는 것은 아무것도 없습니다.

그럼에도 우리는 한쪽만을 원하며
그 원함이 계속 이어지길 소망합니다.
그 어떤 것도 홀로 오는 것은 없어서
늘 같이 찾아옴에도 원함은 끝이 없습니다.

불가능한 것을 가능하리라 믿는 것은
없는 것을 있다고 믿음에 기인합니다.
원할 것이 하나도 없습니다.
이 세상은 실체가 없는 상상의 산물입니다.
삶이 고(苦)인 거짓 된 허상에서 떠나,
아무것도 없는 참나를 보세요.

수없이 반복되는 절망을 경험하고도

'내 탓'이라 여기며 허상에 빠져 있으시겠습니까?
내 탓이 아니라, 원래 이루어질 수 없는 것을
추구해 왔음을 인정하는 게 그리도 어렵나요?
살아온 날에 의문을 품기보다는
그냥 그대로 거짓에 있으려 하나요?
언제까지 그곳에 그렇게 계시렵니까?

아무것도 없는 곳에서 어떻게 살 수 있겠느냐고요?
하지만 나, 남이 없이 하나요,
제나와 얼나가 하나인
절대 세계가 있음을 보면
아무것도 없이 하나로 있는 황홀한 세계를 봅니다.
그 길은 '나 없음'을 보는 것으로
'나' 없는 그곳에 전체로 하나인 절대 세계입니다.
무아(無我)만이 진리요, 안식처입니다.

버리고 나면 찾아오는
'나 없음'의 홀가분함! 자유! 그리고 사랑!

길

어느 길을 가더라도 타당하지 않고
어떤 것도 될 수 없는 일을 시도하며
자기의 길이 바른길이라고 믿고 있는 에고는
그 많은 경험이 입증함에도 결코 포기함이 없이
찾고 찾아 길을 나섭니다.

행복을 찾아 나서고, 자유를 찾아 나서고,
즐거움을 찾아 나서지만,
성공한 적이 단 한 번도 없으면서
그런 길은 없는 것을 모르고,
노력이 부족함을 탓합니다.
자신이 만들어 놓은 타인의 행복이 실재인 듯하여
나도 '할 수 있다' 다짐하며 열심히 찾아다닙니다.

아무것도 없는데, 있다고 믿는 에고에 이끌리어
헛된 노력에 진을 다 빼고서도
부족한 힘을 탓하며 아버지께 기대어 봅니다.
아버지의 은혜를 간구하며, 소망의 끈을 놓지 않습니다.

성공의 가치가 이 세상 것을 취함에 있다고 믿고서

돈 찾아, 사랑 찾아, 명예 찾아
그것이 얼마나 허망한 것인지 알면서도
충분치 않아서라 여기며, 힘을 달라 기도합니다.

'있음'의 길에서, 그 많은 것을 얻어 보고도
부족하고 부족하여, 달라고, 달라고 기도합니다.
'있음'에서 얻음은 항상 허기져서 목이 마르고
충분한 얻음은
'나 없음'의 길 이외에는 다른 길이 없음을 모르고
길 없는 길을 달려갑니다.

"헛되고 헛되며 헛되고 헛되니, 모든 것이 헛되도다."
'사람이 해 아래서 수고하는 모든 수고가
자기에게 무엇이 유익한지' 모르고
없는 것을 찾아다니느라, 진짜 없는 '나 없음'을 못 봅니다.

길은 오직 한 길. '나 없음'의 길 뿐입니다.

싸움

에고와 참나의 싸움은 없습니다.
참나는 에고 너머의 나이어서,
에고와 싸울 일이 없습니다.

싸움은 에고 대 에고의 싸움으로
자신의 내면에서 일어나는 갈등으로 표출되거나
나와 타인의 에고가 서로 다름은 인정하지 않고
서로의 세계가 옳다고 주장하는 것입니다.

자신이 만들어 놓은 허상이련만
타인의 세계가 자신의 세계와 다름을 보는 순간
옳고 그름으로 분리해 놓고
옳음을 위하여 그름과 싸움이 당연하다 여깁니다.

상대 또한 마찬가지여서
옳음을 위한 성전(聖戰)이 시작됩니다.
옳음과 옳음의 싸움으로 그름은 없으니
자신들의 옳음을 주장하며 싸움은 영원히 계속되고
없는 거짓된 세상을, 옳음으로 포장하여 싸우지만
자신의 탐욕을 위하여 싸우고 있음은 애써 외면합니다.

자신들의 관념으로 만들어 놓은 세상에서
없는 것을, 옳다고 믿는 싸움이니
옳고 그름의 판별은 승자의 것이라,
옳고 그름이 없음은 외면한 채
온 힘을 다하여 승리를 위해 매진합니다.

패자는 힘 없음을 한탄하며 오매불망 기회를 엿보고
싸울 기회를 모색할 뿐, 싸움은 끝이 없습니다.

나, 남이 없는 하나의 세계에선
옳고 그름이 하나여서 싸울 일이 없습니다.
자기의 주의 주장이 있을 수 없고
내 이웃이 내 안에 있으니 사랑하지 않을 수 없습니다.

몸

몸과 '나'를 동일시하면 혼란과 괴로움이 따릅니다.
내가 뚱뚱하고, 못생겼고, 키가 작고,
보통 많은 문제가 있는 게 아닙니다.
그렇다고 깨닫지 못하는 것은 아니고
깨달음에 몸은 전혀 상관이 없는데도
몸을 나라고 여김은 어인 일일까요?

몸이 '나'라고 생각하면 몸이 없는 상태를 두려워합니다.
죽음이 두려움은
내가 없어진다는 몸과 나의 동일시 때문이며
몸과 나는 아무런 관련이 없음을 모르기 때문입니다.

몸은 자기가 '나'라고 하지만 몸은 '나'가 아닙니다.
폐가 내 것이라면 나는 언제든 숨을 쉴 수 있어야 합니다.
그럴 수 있나요?

몸이 건강함은 제일의 이익이죠.
그렇다고 몸과 내가 동일시될 수는 없어서
몸이 아파도 자유로워지는 데는 아무런 문제가 없습니다.
오히려 아픔을 통해,

몸이 아프지 내가 아픈 게 아님을 깨닫고
몸이 '나'가 아님을 깨닫게 될지도 모릅니다.

몸도 내가 아니고, 마음도 내가 아닙니다.
'나'는 아무것도 없어서 설혹 죽음이 온다 해도
몸이라는 수레를 벗어날 뿐 '나'는 그대로 있습니다.
아무것도 없이 그대로 있습니다.

"혈과 육은 하나님 나라를 유업으로 받을 수 없고
또한 썩은 것은 썩지 아니한 것을
유업으로 받지 못하느니라" (고전 15:50).

가짜

우리가 얻으려는 것은 사람, 물질, 몸이 전부입니다.
검은 머리 옆에 두어 좋은 꼴 못 보고
돈, 명예, 사랑 얻으려 하나,
얻어도 얻어도 잃어버릴 것을 어찌 그리 찾을까?
불로장생 꿈도 야무져
건강에 좋다는 건 다 해 보지만, 세월을 어찌 이길꼬?

전부를 다 주었는데도 더 가지려 짊어진 짐만 더해갑니다.
지금 있음이 충분하지 않나요?
그마저 버리면 얼마나 자유로운지 모릅니다.

생각 밖의 세상을 생각으로 보려 하고
필요 없는 것을 가져 뭐하려는지
있는 것은 쳐다보려고도 하지 않습니다.

세상을 다 가져도 그것은 가짜랍니다.
있다는 생각은 생각일 뿐,
생각에 없는 '없는 세상'을 보세요.

나도 없고 남도 없는 '아무것도 없는 세상'

있는 것은 오직 하나 전체뿐입니다.
구별되지 않은, 전체로 하나인 세상.
이게 진짜요, 부족할 게 없습니다.

큰 게 있으면, 더 큰 것 앞에 작아져서,
큰 것은 없습니다.
'있다'는 것은 모두 가짜이며
있다는 것은 '분리되어 있다'는 것일 뿐,
없는 것입니다.
아무것도 없이 전체로 하나임을 보세요.

"전체는 부분의 합이 아닙니다."

비교

비교할 수 없으면 모든 것은 완벽합니다.
내 몸을 다른 이와 비교하지 않으면 부족한 게 뭘까요?
미모가, 키가, 날씬함이 있나요?
비교에서 오는 것 또한 생각일 뿐
모든 것은 '있는 그대'로 완벽합니다.

비교는 분리되어 있지 않다면 일어날 수 없습니다.
분리된 이 세상은 비교의 대상일 뿐
실재하지 않는 관념의 세상입니다.
비교하지 않고 '있는 그대로' 보면,
모든 것이 그렇게 아름다울 수 없습니다.

분리되지 않은 전체로 하나인 세상.
나, 남이 없는 하나인 세상은 사랑뿐입니다.
비교하지 않아서 다른 어떤 것도 있을 수 없어
'아무것도 없음'의 세상입니다.

'아무것도 없음'은 '온전히 있음'이며
관념의 세상이 얼마나 허구인지 보여줍니다.

내 생각이 전부인 세상입니다.
내 생각 밖의 세상을 본 적이 있나요?
생각 밖의 세상을 생각으로 볼 수 있나요?
생각 밖의 세상을 본 적이 없으면서
어쩜 그리도 당당하게 세상 얘기를 할 수 있나요?

비교는 내 마음일 뿐, 사실이 아닙니다.
고작 자기 생각일 뿐임에도
그것이 사실이라 믿음은 어디서 나옵니까?

허구를 믿음이 얼마나 허망한 일인지요?
비교하며 살아온 분리의 세계가
얼마나 화장품으로 덧칠해진 세상인지
진실을 분간하기에는 괴로움의 점철일 뿐입니다.

'나 없음'을 보면 비교란 있을 수 없어서
'있는 그대로'입니다.
'나'를 믿지 마세요. 몸도 마음도 '나'가 아닙니다.
보이는 모든 것이 허구이어서
'아무것도 없음'의 '온전히 있음'을 보세요.

사기꾼

멀쩡하게 차려입고 나도 모르는 새 나타나선
간이라도 빼줄 듯이 친밀하게 다가옵니다.
멀쩡한 내가 남의 손에 놀아날 수는 없는 일이기에
주의를 기울여 살펴보지만
화장술에 능한 사기꾼은 내 마음을 돌려놓아
마치 '나'인 양 주인 노릇마저 합니다.

오는 손님 대하듯이 일어나는 생각을 물리칠 수야 없지만
한 생각 일어남을 알아차릴 수야 있어야겠지요.
무슨 일을 저지르려 나타나는지는 모르지만
수시로 일어나는 생각은 에고의 것입니다.

모든 것을 잘 포장하여 그럴 듯이 나타내지만
속은 텅 빈 실체를 속이기 위함이니
있는 것을 탐하라고 유혹하며 진실을 가장합니다.

한 생각 일어남에 놀아나서는 안 됨에도
또 속고 속아서 오늘 또 속아 삽니다.
속음에서 빠져나와 참을 보는 알아차림은
일어나는 생각은 놓아두고

일어남을 알아차리는 것입니다.

사기꾼에게 속지 않으려면
알아차리는 수밖에 없습니다.
한 생각 일어날 때마다 '또 왔나요?'
알아차리는 것입니다.

나에겐 아무것도 없어서 일어나는 모든 생각은
나를 가장한 에고의 일입니다.
오는 손님 맞이하듯 일어나는 생각을 멈출 수는 없어서
'오셨나요' 인사하고, 알아차림으로 충분하여
더 이상 속을 염려가 없습니다.

에고를 에고로 볼 수 있으면
에고는 설 자리를 잃고 잠시 왔다가는 사라집니다.

'아무것도 없음'이 '온전히 있음'입니다.

코로나 19

아벼지의 일하심이 사랑이기에
일어나는 모든 일은 나에게 일어나는 것이 아니라
날 위해 일어나며
날 일깨우기 위해서 일어납니다.

'코로나 19'가 창궐함이 시련으로 보여도
분명 무언가를 일깨워서
우리 자신을 위함이 뭣인지를 알게 하심입니다.

잘못 들어선 길을 바로잡으려
길 안내를 하고 계심입니다.
지금은 비록 알 수 없지만
지나고 보면 아버지 은혜에 감사하며
아버지는 사랑임을 알게 됩니다.

오직 사랑뿐이어서 징벌은 없으며
물에 빠져 허우적거리는 우리를 건져내어
정상으로 돌아오는 기간이 있을 뿐입니다.

'흑사병'으로 인류에게 자유를 선물하셨듯이

'코로나 19'는 우리에게 무엇을 주실까요?

분명한 것은 한쪽으로 치우쳐 달려감을 멈추고
우리를 돌아보게 함이지
징벌은 결코 아닙니다.

'자유의지'는 깨닫느냐, 깨닫지 못하느냐? 뿐이며
깨달아 아버지께 올 때까지 길 안내를 계속하겠지만
잘못에 대한 징벌은 아닙니다.

아버지는 사랑이어서
일어나는 모든 일은 좋은 일입니다.

플랫폼

승객의 자리를 비워 놓고
플랫폼엔 자기가 없어야 승객이 자리합니다.

이 세상 어느 플랫폼에도 자기는 없어야 합니다.
그 자리는 승객의 자리이기에 자기는 필요치 않아요.
'나'만 없으면 승객으로 가득 찬 멋진 플랫폼.
'나'만 없이 비워놓으면 모든 것이 함께하는 플랫폼.

나는 항상 나로 차 있기에
어느 것도 자리할 수 없었습니다.
'나' 하나만 비워놓으면 모두가 함께하는 자리를
모두를 거부하고 홀로 차지합니다.

'나 없음'의 경이로움은
모두를 불러들여 전체와 함께하는 것입니다.
다 가지려는 마음이 전부를 잃게 하고
다 버리면 전부가 함께하는 신비함.

이제 플랫폼은 모든 이의 것입니다.
당신이 없기에 모든 이의 것이 되었습니다.

이제 보니 당신도 함께 있네요.
당신 없는 진짜 당신이 그들과 함께하고 있습니다.

모두가 하나 되어 떠나는 여행에 동참함은
'나 없는 나'가 플랫폼일 때입니다.
'나 없음'이 '나'요, 전부입니다.

변화

세상을 바꾸는 것보다
당신 안의 세계를 이해하는 것이 먼저입니다.
죄와 질병, 죽음, 날씨나 기후, 전염병 같은 것에
하나님의 힘에 기대어 바꾸려 기도할 일이 아닙니다.

하나님은 오직 사랑이심을 믿으면
모든 것은 날 위해 일어남을 이해합니다.
질병은 아버지의 창조물이 아니라
우리의 작품이 아닐까요?
날씨의 변화가 왜 그러한지 알 수 있나요?

환경이 나와 하나임을 이해하고
그 안에서 더불어 살아감이
아버지의 사랑 안에 있는 것입니다.

아버지는 사랑이시라
부정적인 어떤 것도 없이 다 주고 계셔
구하고 원할 아무것도 없습니다.

아버지의 사랑이 우리에게 미치려면

거대한 변화가 일어나지 않으면 안 됩니다.
과학의 발전이 우리의 노력의 산물일까요,
아버지의 은혜일까요?

변화는 아버지의 은혜입니다.
일어나는 모든 일이 날 위해 일어남을 이해하여
변화에 온전히 내맡기고 수용하는 것입니다.

치유하고 개혁해야 할 것도 없이,
극복해야 할 것도 없이,
아버지의 은혜가 내 안에 구현되어 있습니다.
당신에게 요구되는 모든 것을 그분이 하십니다.
나를 없이 하고 아버지께 내맡기세요.

세속적인 마음

세속적인 마음은
영원히 악과 싸우는 자의 것입니다.
이것과 저것이 있어 분별함이 일이라
기어이 선, 악을 구별하여 싸움이 사명입니다.

암을 없애려 애쓰지 마십시오.
나이듦에서 벗어나려 하지 마세요.
이 세상을 변화시키려 애쓰지 마십시오.
상대세계의 일을 믿는 마음입니다.

잘못된 것을 물리치고 나면
다른 것이 그 자리를 차지하고
물리쳐야 할 것이 줄을 잇습니다.

잘못된 것들과 싸움은 당신 일이 아닙니다.
당신의 근원은 절대 세계에 아버지와 같이 있어
아무것도 없이 하나입니다.
모든 불협화음으로부터 벗어난 평화입니다.

다름이 없는

아버지의 현존함이 '참나'입니다

위험한 길

다 버리고 날 좇으라 하시는데
힘이 좋아 찾아 나섭니다.
얻은 힘을 어디에 쓸까는 관심 없이
있으면 좋으리라 맹목적입니다.

병자를 고쳐주고, 핍박받는 이에게 자유를
굶주린 자에게 음식을, 목마른 자에게 물을 주는
힘에 열광하며 힘 있는 자가 되기를 원하지만
실은 자신의 영광을 드러내려 하는 것입니다.

아니라면 굳이 왜 자기가 힘이 있기를 원하겠나요?
결국엔 '나'를 나타내려 함이요
'나 없음'을 애써 외면하는 것입니다.

다 버리라는데, 힘은 있어야겠다는 것입니다.
아버지께 가려면 버려야 함을 얘기하면서도
힘은 있어야 하겠답니다.

"네가 온전하고자 할진대 가서 네 소유를 팔아 가난한 자들에게
주라 그리하면 하늘에서 보화가 네게 있으리라" (마 19:21).

Ⅳ
'나 없음'의 경이로움

●

●

●

오직 하나 '나' 하나만 없으면
모든 것을 갖게 되는 신비.
단순히 내가 있다는 생각만 없으면
생각 하나 없으면
전부가 하나(不二)인 황홀한 장입니다.
'나 없음'의 경이는
없음에서 전부가 드러나는 신비입니다.

기적

기적 중의 기적은 깨달음입니다.
깨달음이란 '매인 마음'에서 벗어나
전혀 다른 새로운 사실을 보는 것으로
모든 한계를 벗어나, 자유를 만끽하며
사랑과 기쁨과 지혜로 가득한 세계를 보는 것입니다.

쇠사슬이든 금사슬이든 내 안의 족쇄들은
'나'를 끊임없이 괴롭히고,
때론 거짓 위안을 주기도 하지만
'나'를 얽맬 뿐, 자유와 행복을 주진 않습니다.

그렇게도 가지려 했던 '있음'에 근거한 매인 마음이
'있음'이 거짓이요, '없음'이 진실이라는 개벽의 기적.
'아무것도 없음'이 '온전히 있음'으로 깨닫는 기적.

슬픔도, 기쁨도, 있다고 믿은 모든 것이 아무것도 없어서
거리낄 것 없는 무한 자유를 누리게 된 깨달음.
모든 것을 다 주는 '없음'의 선물, 깨달음.
우리를 얽어맨 모든 족쇄를 단번에 끊어버리는
이보다 더한 기적은 없습니다.

기적이 일어나고
자유가 오고
사랑이 충만합니다.

진정한 자유

진정한 자유는 조건 없는 자유이며
신비로운 것이 아닙니다.
먹고 마시는 것처럼 실제적이며
항상 나와 같이 있습니다.

다른 무엇보다 실제적이며 이상적이지 않습니다.
조건 없이, 미련 없이 놓아버리면
자신의 머리털을 만지듯 그렇게 실제적입니다.
너무도 실제적이어서 이럴 수 있나 의심이 일 만큼
언제든 가질 수 있는 자유.

잡고 있는 것을 놓기만 하면 바로 누리게 되는 자유는
초월해야 얻어지는 수행의 결과물이 아닙니다.
초월해야 할 아무것도 없이
그냥 잡고 있는 것을 놓기만 하면 됩니다.

가로막는 것이 있을 수 있나요?
가로막는 것이 무엇인가요?
잡을 것인가? 자유로울 것인가?
있을 것인가? 떠날 것인가?

불편하거든 놓아버리십시오.
놓아버리는 순간, 진정한 자유입니다.

황홀한 실망

무지개를 좇다 잡을 수 없을 때 느끼는 실망보다
보물상자를 열고 보니 아무것도 없을 때
느끼는 실망이 더 큰 법입니다.

온 맘 다하여 얻고 보니, 너무도 간단히 얻어지는
'황홀한 실망'이 있습니다.
우리가 그리도 원하던 진리가 얼마나 단순한지
해탈이 얼마나 단순하지
깨달음이 얼마나 단순한지를 알게 되면
'이렇게 단순할 수가?' 실망함이 크지만
그것이 황홀함에, 그보다 더 큰 기쁨이 없기에
'황홀한 실망'이라 하는 것입니다.

진실이 아닌 관념의 산물을 움켜쥐고
놓지 않으려 발버둥침에, 안타까워 이는 웃음이
기쁨의 웃음으로 환하게 변합니다.
황홀함에 취한 웃음입니다.

거짓을 거짓이라 보면 되는 일을
잡고 있는 것을 놓아버리면 되는, 간단한 일을

움켜쥔 주먹을 그냥 펴기만 하면 되는
너무도 간단한 일이 그리도 어렵습니다.

그 어떤 생각도 생각하는 만큼의 거리가 있습니다.
그 생각을 놓아버리면, 생각이 없으면
거리는 없고, 모두가 하나인, 그게 해탈입니다.
생각하는 '나'가 있다는 믿음이 거짓임에
진실을 보게 된 환희의 순간입니다.

거짓이 참인 줄 알고 꽉 잡고 있다가
배신의 허탈함을 느낄 새도 없이
진리 찾음이 이리도 단순함에 실망할 사이도 없이
깨달음의 기쁨이 너무도 커서 '황홀한 실망'입니다.

너무도 단순한, 놓아버리면 되는 황홀함입니다.

나 열기

나 자신이기를 원하는 것은
'나에 갇히기'입니다.
거울에 비친 자신을 볼 때면 나에 갇혀 있고
타인을 보며 싫다느니, 좋다느니 하는 것도
'나에 갇히기'입니다.

신께 기도하며 성공을 빌고,
구원해주기를 비는 것도
'나에 갇히기'이며
이 생각 저 생각에 가둬놓고
한시도 '나'를 떠난 적이 없습니다.

뭣 때문에 그리도 가둬놓고 살까요?
좀생이 삶을 원하지는 않을 텐데
왜 내 안에서만 살려 할까요?
울타리를 부수고 '나 열기'를 하세요.

'나 열기'는 너무도 단순하여
나의 생각은 모두 '나에 갇히기'임을 보면 됩니다.
신께 기대는 마음마저 '나에 갇히기'이어서

일어나는 모든 생각은 '나에 갇히기'이니
생각 없는 나, '나 없음'이 '나 열기'입니다.

나는 없습니다. 있는 것은 나의 관념일 뿐
없는 나를 있다고 믿음에 나에 갇히고
없는 나를 없다고 봄이 '나 열기'입니다.

밖이 없는 '나'로 활짝 열어젖히면
모두가 하나인 장엄한 '나'로 온전히 있습니다.
네 안에 갇혀 있지 말고 아버지께 오라 합니다.

이성(理性)

우리의 인식 활동에서 최상위에 위치한 이성은
우리가 추구하는 최고의 가치이며 사람다움입니다.
사람다움은 이성적이며
진위, 선악을 바르게 판단함입니다.

옳음을 옳다 하고, 그름을 그르다 함은
이성적이다 못해 신의 뜻으로 압박하며
옳음이 있음을 애써 이성적이라 합니다.

'사람이 아님'은 당연하게 배제하여
폭력을 정당화하고
이성은 에고를 포장하는 그릇이 되어
'자기애'를 합리화합니다.

옳고 그름의 분별이 괴로움임에도
이성을 앞세워 괴로움에 서고서는
그래도 옳음에 앞장섰다 안위합니다.
진실로 옳음이 있기는 한가요?

이성적임이 괴로움을 양산하건만

괴로움을 추구함이 뜻함이라도 되는 듯이
이성적이기를 갈망하며 살아갑니다.

바르게 판단하면 평온한가요?
평온은 이성적인 것과는 아무런 관련이 없습니다.
평온은 사랑 안에 있으며 조건이 없습니다.
판단은 원죄이며 괴로움의 시초입니다.

이성을 앞세워 판단이 정당함을 내세우지 마세요.
어느 한 편에 서는 것이 기개 있다 할지 몰라도
이쪽은 저쪽을, 저쪽은 이쪽을 배제함이
결코 아름다울 수는 없습니다.

이성은 분별에 기반한 갈등의 고리입니다.
이성적이기보다는 평온을 택하십시오.
평온은 '분별없는 하나임'에 있고
'하나임'은 '나 없음'에 있습니다.

어린아이와 같은 순수의식은 이성을 초월하여
순수하게 '있다'뿐인 '나 없음'에 있습니다.

가장 중요한 것

이 세상에 가장 중요한 것은 깨달음입니다.
자신에게 다 갖춰져 있음을 깨달으면
더 이상 원함이 없고 불안함도 없어서
참으로 자유로울 테니까요.

'인자에겐 머리 둘 곳이 없다.' 함이
너희 눈에 안쓰럽게 보이느냐? 묻고 있는 것입니다.
아무것도 가진 게 없어도 충분하지 않느냐?
묻고 있는 것입니다.
갖고 있음이 얼마나 불편한 줄 모르느냐? 묻고 있습니다.

다 갖춰주신 아버지의 사랑을 깨달아라.
너희와 나를 분리하지 말고
'너희는 나의 아들이다.'
너희를 없이 하고 아버지와 함께함을 보라 하십니다.

깨달음이 전부이니
따로 있는 너는 없고, 아버지와 함께하는 너만 있어
너를 없이 하고 아버지를 따르라 하십니다.

진정한 '나'를 찾음보다 중요한 것이 있을까요?
중요한 것은 뒤로하고 뭘 찾으시나요?
다 있음에 무엇을 더 원하나요?

내가 있다고 분리해 놓지 않으면
모두가 하나임에, 다 있어 황홀합니다.
'나 없음'의 깨달음보다 중요한 것은 없습니다.

삶

나의 바다가 아니라 바다이며
나의 하늘이 아니라 하늘이듯
나의 삶이 아니라 그냥 삶입니다.

오로지 바다가 있고, 하늘이 있듯이
오직 삶이 있을 뿐, 나의 삶은 없습니다.

나의 것이라는 관념은 바다마저 위축시켜
바다의 광활함 대신에 온갖 상념이 자리하여
가슴이 탁 트이는 광활함을 느낄 수 없습니다.

나의 삶이 있으면 하고픈 모든 것이 나타나
이루어지지 않음과 끊임없이 싸워야 하지만
삶은 그 자체로 경이이며 지금 바로 일어나고 있습니다.
진정한 내맡김이며, 수용이요,
뜻대로 할 수 없는 신비로운 흐름입니다.

삶은 모든 이의 삶이어서, 나의 삶, 너의 삶이 없이
오직 삶이 있을 뿐입니다.
나의 것이 아니기에 이러저러해야 한다는 관념이 없어

싸워서라도 고쳐야만 한다는 생각이 들지 않습니다.

나의 삶이 있다고 믿음이 괴로움이며
희망과 두려움 그리고 지키려는 감옥에 갇히게 됩니다.
'나'를 빼내 버리면 나와 나 아닌 것이 분리되지 않아서
더 이상 경계도 제한도 없이 오로지 사랑만이 있습니다.

'나 없음'이 '나 아닌 것 없음' 이어서
모두가 하나이며 사랑이요 자유입니다.

배움

배울 가치가 있는 단 하나는
배운 것을 잊는 것입니다.
스스로 안다고 생각하는 것에 갇혀 있는 한
세계는 협소한 채로 그 안에 있으며
그 안에서 허우적거리고 있습니다.

모름은 앎의 터전이어서
안다고 생각함은
받아들일 준비가 안 된 상태로
질문과는 거리가 멉니다.

질문이 배움의 시작입니다.
'모르는 마음'으로 살면서
바람에 날리다 완벽한 자리에 내려앉는 나뭇잎처럼
'나는 알 수 없다.'는 길을 가는 것입니다.

끝없이 질문하세요.
나는 아는 것이 없습니다.
잃어버린 것은 끝없이 발견되며
발견된 것은 끝없이 사라집니다.

우리의 본성은 배움에서 찾아지는 것이 아니라
알아차림으로 발견됩니다.

배움에서 얻는 것이 아니라
얻은 것은 아무것도 없이
있는 것을 보는 것입니다.
'있는 그대로' 보는 것이며 자유입니다.

내가 좋아하는 것

나는 영화 보기를 좋아합니다.
내 안에서 일어나는 모든 영상이 그리도 좋습니다.
지나온 얘기도, 앞으로 일어날 이야기도
무척이나 좋습니다.

그것은 과거도 미래도 아닌 현재에 있기 때문입니다.
과거의 이야기에 붙잡혀 있으면 과거에 있지만
사극을 보면서 과거에 있다 하지 않고
스타워즈를 보면서 미래에 있다 하지 않듯이
지금에 있으며 거기에 얽매이지 않습니다.

생각에 얽매임은 생각하기 때문이며
생각되어지는 대로 쳐다보기만 하면
항상 지금뿐이며 시간이 존재하지 않습니다.

붙잡을 것이 있나요?
과거에 붙잡혀 과거에 사시렵니까?
떠오르는 생각을 구경이나 하면서
흘러가는 삶에 내맡기고 수용할 뿐입니다.

붙잡고 있지 않으면 항상 '지금 여기'이며
붙잡을 수 있는 생각이 하나도 없기에
생각 없음이요, 무(無)입니다.

나는 붙잡을 수 있는 생각을 찾을 수 없음이
그리도 좋습니다. 자유입니다.

과거의 마음도, 미래의 마음도, 현재의 마음도
붙잡을 수 없습니다. (금강경 18 一切同觀分)

베풂(보시)

모든 재화를 충분히 베풀어도 평화를 줄 수는 없습니다.
의식주가 충분하게 해결되면 행복합니까?
안전과 안락, 막대한 재산을 아낌없이 주는 부모도
평화를 줄 수는 없습니다.

자선활동이 좋은 일이기는 하지만
도움은 한계가 있습니다.
재산이 많으면 안전할까 하지만 코로나 19는 찾아왔고
병이 나아 건강해도 괴로움은 여전합니다.

생각을 믿음에서 오는 괴로움은 어쩌지 못하여
진실을 보는 눈을 줄 수는 없습니다.
삼천대천세계에 가득한 칠보로 보시함이
사구게 하나만이라도 수지독송하여 체화함만 못하다 함이
진실을 줄 수 없음의 안타까운 표현입니다.

평화는 '나'로부터 빠져나온 세상에 있으며
아무것도, 어떤 생각도, 이름도 없는 세상에 있습니다.
아무것도 없는 세상이기에 줄 수 없으며
오직 스스로 체득할 수밖에 없습니다.

오른손이 하는 일을 왼손이 모르게 함이 아름다워도
가장 아름다운 깨달음은 줄 수 없습니다.

'나 없음'은 비워내는 일이어서
주어서 될 일이 아닙니다.
다 주어도 줄 수 없는 '자유'입니다.

물음

어떤 삶이 좋으냐고 묻고 있건만
탐욕의 눈은 돌아볼 줄을 모릅니다.
자연이 베푸는 하루하루가 나를 돌아보게 하는데
자연과의 대화는 멀리하고 관념에 따릅니다.

코로나 19로 인간들이 격리되자
가려졌던 지구의 모습이 복원됐습니다.
공장이 멈추고 이동이 제한되니 공기는 깨끗해져서
환경오염의 주범이 누구인지 확연하고
사회적 거리 두기는 삶의 가치를 돌아보게 합니다.

행복을 추구하면서도 행복의 길은 외면하며
탐욕과 성냄의 길에서 방황합니다.
잠시라도 멈춰 서서 뭘 하고 있는지 묻는다면
그리도 바쁘게 살지는 않으련만
탐욕의 불은 모든 걸 태워 고뇌의 늪에 빠뜨립니다.

풍요하면 행복해질 거라 생각하나요?
얻으면 잃어버릴 상실의 불안에서
마르지 않는 생수의 평화를 보세요.

아버지는 끊임없이 물음을 던집니다.
이래도 모르느냐? 이래도 모르겠느냐?
내가 준 충분함을 모르겠느냐?
더 가지려 환경을 파괴하고, 삶의 질을 망가뜨려
무엇을 얻으려 하느냐고 묻고 있습니다.

남을 지배하면 행복한지 묻고 있습니다.
지배하기보다는 사랑의 위대함을 제시하지만
안내자*는 힘의 주재자로 각색되어 탐욕으로 이끌고
안내자의 안내도, 아버지의 물음도 뿌리칩니다.

어떤 삶이 진정한 삶인지 물어보세요.
'나'를 가지고 있으면 탐욕과 성냄뿐입니다.
묻고 물어, 에고의 그늘에서 벗어난
'진정한 나'를 찾으세요.

진정한 나는 '나 없음'에 있습니다.
환경이 오염되고 행복이 멀어짐도 탐냄에서 오며
모든 것의 원인이 '나 있음'에 있습니다.
'나'만 없으면 '진정한 나'를 보며

아버지께서 주신 모든 것이 갖춰져 있습니다.
더 이상 찾아다닐 일이 없습니다.

코로나 19가 찾아오지 않았음이 좋을까요?
찾아왔음에 좋아질까요?

* 안내자: 그리스도, 붓다, 수많은 선각자

무명(無明)

없는 것을 있다고 믿음이 무명이요
생각 좇아감이 무명입니다.
생각 떠나, 있는 것을 봄이요
얻음도 없고 말한 것도 없습니다.

'있는 그대로' 보는 것이요
얻은 것이 아니요
말할 수 없음입니다.

오직 하나 신령한 물건 있어
그것을 보는 것입니다.

'나' 있음에 보지 못하는 어리석음입니다.
어둠을 물리치려 애쓰기보다는
불을 켜고 바로 보세요.
'나 없음'의 등불을 켜세요.

무(無)보다 친절한 것은 없습니다.

울타리

생각이 감옥입니다.
그 어떤 생각이라 하더라도 감옥입니다.
지극히 당연하게 받아들이는 일들이
생각이요 울타리입니다.

우리를 자유롭게 하는 생각은 없습니다.
생로병사의 법칙마저 생각이어서
생각의 울타리 안에 가둡니다.

울타리를 치고, 선 안에 가둠은
생각을 믿기 때문입니다.
그 어떤 생각이 밀려와도 그것은 꿈이어서
마음의 개념에 지나지 않습니다.

당신이 인식하는 환경이 당신이 인식하는 대로의
그것이 아니라는 것.
성스러움도, 불치병도, 빈곤도 실재는 아니며
생각의 울타리일 뿐입니다.

생로병사도 생각이어서

삶의 법칙에 따르고 있을 뿐
생각이 없으면
불생불멸, 불구부정, 부증불감입니다.

어떤 난관과도 싸울 필요는 없으며
생각을 믿지 않으면 자유입니다.
'나 없음'으로 경계를 허물면
그 어떤 것도 없이 모두가 하나입니다.
아버지와 하나입니다.

조건

어떤 일을 이루어지게 할 요소가 필요한가요?
어떤 일을 이루지 못하게 할 상태가 있나요?
이루게 하거나 이루지 못하게 할 것이 있다고 믿으며
조건을 따지고 그에 맞춰 도모합니다.

그 조건들은 이미 다 갖춰져 있음에도
노력에 따라 열정에 따라 다르다고 여기며
구하고 원하기를 간절히 하기에
있는 것을 보지 못합니다.

어떤 것을 치유하기 위해서,
개혁하기 위해서, 바르게 수정하기 위해서,
우리가 할 일은 하나도 없습니다.
거기에는 모든 것이 갖춰져 있어서
조건이 따르지 않습니다.

꾀하는 입장에서 봄이 다르게 볼 뿐
착해지려 할 일도 없습니다.
아무런 제한 상태가 없는 아버지이기에
질병이나 고통이나 부조화가 있을 수 없습니다.

겹겹이 쌓여 있는 인간성이 조건을 따질 뿐
조건이 다르면 고통이 없나요?
이 고통을 피하고 저 고통을 찾음이
그리도 현명하게 보입니까?

아버지와 함께함만이 진정한 평화입니다.
'나 없음'의 평화를 보세요.
옳고 그름도, 어떤 분리도 없는
'아버지와 하나인 나'가
조건 없는 사랑 안에 있습니다.

늙은이

살아온 과정에 파묻혀 있으면 노인이요
삶에 내맡기고 여여(如如)하면 늙음은 없습니다.
온갖 세상 풍파 다 견디며 살아온 세월이 아쉬워
꽉 잡고서 살아감이 맑은 정신이 아니라
이런들 어떠하고 저런들 어떠냐며
세상 흐름에 맡겨 삶이 젊음입니다.

세상은 제가 알아서 제 갈 길 가고
협소한 내 관념으로 볼만큼 작은 세상이 아닙니다.
이래야 되는 세상이 어디에 있나요?

바르게 수정할 일은 없습니다.
과거의 이야기도 간직할 것이 없습니다.
제상비상(諸相非相) 임을 알아 머물 일이 없습니다.

늙은이 할 일은, 살아보니
세상은 내 뜻과는 무관하게 흘러가더라,
삶의 신비함에 함께하는 것입니다.
모든 것이 그러해야 하기에 그러하더라는 것을,
얻을 것이 없더라는 것을,

참으로 찾을 것이 있다는 것을 얘기해야 합니다.

참으로 찾아야 할 것은 '나'입니다.
찾음도 아닌 '참나'를 보는 것으로
관념의 세계가 헛되고 헛됨을 밝히는 것입니다.
생각이 괴로움이라
'나 없음'의 세계로 인도해야 합니다.

늙은이 지혜는 많이 아는 데 있는 것이 아니요
알 것이 하나도 없음에 있습니다.
이 세상 것을 다 내려놓고
'나 없음'의 '참나'를 보는 것입니다.

신문

새로운 소식을 전하는 신문이
새로운 상품을 소개하는 광고지로 전락함은
대량 생산에서 맞춤형 생산으로 변화한 현상입니다.

일인 미디어 시대에, 신문의 구독자보다
유튜브 시청자의 수가 훨씬 더 많음을 보세요.
진보 쪽 신문의 구독자보다
같은 편 유튜브의 시청자가 더 많고
보수 쪽 신문의 구독자보다
같은 편 유튜브의 시청자가 더 많습니다.

신문은 이제 언론의 역할을 다하지 못합니다.
각자가 소개하고픈 소식을 전하려 함에
보고픈 소식이 갖고픈 상품이 되어
새로운 상품을 소개하는 전단지에 불과합니다,
마음에 든 상품만을 보고 버리는 전단지.

각자의 세상을 살아감을 보세요.
자기가 가지고 있는 관념의 세계를
진실한 세계로 보는, 겹겹이 쌓여진 최면에

혼자만의 세상을 같이하지 않는다 탓합니다.

내 생각이 없이 봐 보세요.
'있는 그대로' 양쪽을 다 보세요.
그러면 하나임이 보입니다.

새의 날개가 왼쪽과 오른쪽이 다른 듯 보여도
같은 한 마리 새입니다.
사과나무 없는 사과가 있나요?

우리는 너와 내가 없는 하나입니다.
'나 없음'의 세계는 하나이어서
모두가 아버지와 함께 하는 사랑의 장입니다.

내 생각을 믿지 않으면 자유입니다.

본 대로 느낀 대로

본 대로 느낀 대로 세상이 펼쳐져 있음이
제 생각이 펼쳐진 세상임을 모르고
실재하는 세상을 '있는 그대로'
보고 느끼고 있다 여깁니다.
본 것이 내 생각이기에 어떤 세상이어도 참이어서
잘못 본 것은 없습니다.

자기가 본 것으로 느낀 것이지만
본 것은 같으나 느낌은 다를 수 있다 여기고
느낌은 생각이라 다를 수 있지만
본 것만큼은 확실하고 분명하다 여깁니다.

내가 있어서 그 내가 본 것이기에
확실하고 분명하다 굳게 믿고 있습니다.
본 적도 없는 눈을 내 눈이라 믿으며
그 눈으로 똑똑히 보았다고 믿고 있습니다.

당신이 보고 있는 세상은 관념의 세상이니
생각 없이 그저 보기만 하라.
찾지 말고 봐라.

오온(五蘊)이 개공(皆空) 함을 어찌 얘기할까요?

생각 없이 보는 세상은 전혀 달라서
모두가 하나인 황홀한 세상임을
어떻게 얘기할 수 있을까요?

'있는 그대로' 봄은 '나 없이' 봄이요
'나 없음'의 세상이 실재의 세상입니다.
한 순간만이라도 실재의 세상을 본다면
그곳은 황홀 무아지경입니다.

본 대로 느낀 대로
하나인 세상에서
항상 그곳에 있고픈 기도만이 있습니다.

'나' 하나 없음에

살아야 하고, 건강해야 되고, 행복해야 되는 것은
'나'가 있음입니다.
이것도 저것도 있어야 함은 '나'가 있기 때문이요
'나'가 있으니 가져야 하고
상실의 두려움에 괴로움이 따릅니다.
'나' 있음이 문제입니다.

'나' 하나만 없으면
아무런 문제가 없습니다.
내가 없는 세상이,
있은들 없은들 뭐가 문제일까요?

'나' 하나 없음에 뭘 해도 걸림이 없어
온 세상이 내 것입니다.
내가 있으면 온갖 것에 걸리고
'나' 없으면 온 세상이 내 것이요
대자유입니다.

오직 하나 '나' 하나만 없으면
모든 것을 갖게 되는 신비.

단순히 내가 있다는 생각만 없으면
생각 하나 없으면
전부가 하나(不二)인 황홀한 장입니다.

․ 가온찍이

"가온찍이"로 살아야 합니다.
하늘과 땅 사이의 '나'
과거와 미래 사이에 현존하는 '나'
찰나 속에 영원을 만나는 '나'
속에 속의 한 '긋' 얼나로 살아야 합니다.

영원의 한복판을 탁 찍는 "가온찍기*"
'없이 있고' '있이 없는' 中 "가온찍이"

깨달음의 "가온찍기"는 찾음입니다.
"가온찍이"는 있음입니다.
자각은 '내 안의 나'를 보는 것으로
있는 '나'를 찾을 것이 없습니다.
속에 속의 얼나가 상대세계에 얼굴을 쏙 내민
"가온찍이"로 "가온찍기" 하며 살아야 합니다.

깨달음은 질문에서 오고
질문하는 '나'가 있습니다.
에고가 얼굴을 내밀 때마다 자각하고 자각하여
"가온찍기"하며 "가온찍이"로 살아야 합니다.

* ㄴ·ㄱ 가온찍기는 다석 류영모의 핵심 사상으로 천지인의 가고 오는 영원의 한복판을 찍어 아버지와 함께함을 일컫는 말로 쉽게 설명하기 어려운, 책 한 권 분량의 사상입니다.

영(0)

없는데 있음이 '0'입니다.
있는데 없음이 '0'입니다.
'0'은 중(中)이요, '가온찍이'입니다.

1001은 십의 자리와 백의 자리가 비어 있다는 것입니다.
없는 그 자리에 어느 수가 차지하고 들어와도
그러려고 있었다고 반가이 맞이하며
자리를 내어줍니다.
모두를 받아줍니다.
빈자리에 누구인들 어떠냐고 선뜻 자리를 내줍니다.

십의 자리와 백의 자리에는 아무것도 없습니다.
없는 것을 있다고 자리매김하고 있음이
꼭 제나 같기도 하고
십, 백의 자리는 있는데, 없음이 '참나' 같기도 하여
'없, 있' '있, 없' 너머의 중(中)을 보고
'가온찍기' 합니다.

오고 감이 없는 불생불멸의 무시무종의 세계.
이 세계가 '0'의 세계입니다.

없으면서 모든 걸 가지고 있는 ‘0’.
모든 것을 품에 안는, 아버지 품 안입니다.
다 비워낸 ‘0’이어야 합니다.

‘0’이 곧 무한입니다.

희생

살신성인의 자세로 살아라 합니다.
남을 위해 헌신함이 얼마나 아름다운지
어머니의 희생으로 아들은 자라고
의인의 희생은 모든 이의 귀감이 됩니다.

희생의 가치는 옳음으로 우뚝 서 흔들림이 없지만
희생은 분별에서 오는 또 다른 표현입니다.

나를 위하여 나를 희생합니까?
나는 나로 있음입니다.

모두가 하나인데 누굴 위해 희생합니까?

부모는 자식을 위한다 하지만 부모와 자식의 분리요
부부는 서로를 위한다 하지만 원함의 포장입니다.

희생은 분별이 만들어낸 에고의 작품입니다.
내가 있고 남이 있는 상대세계를 인정하는
에고의 성스러운 포장 '희생'

보시에 내가 끼면 적선이 되고
의롭다 함에 내가 물들면 보여주기입니다.

'나 없이' 하는, 행위 속에서의 포기는
희생이 아닌 날 위한 행위입니다.

붙들고 놓지 못해서 미안해

붙들고 놓지 못해 미안해
널 위함도 아니고
좋은 사람이 되려고는 더욱 아니야
나 살자고 붙들고 매달리는 것이야

잡고 놓지 못함이 사랑이라면
함께 함이 사랑이라면
당신은 어디에 있나요?

떠날 사람 떠나고
남은 이는 남아서
지금 있는 그대로의 자신을 보라.

움켜쥔 주먹을 활짝 펴서 놓아버리면
사랑이 아니라 욕심임을 봅니다.
나 살자고 널 잡고 있음을 봅니다.

좋은 사람이 되려고 애쓰기보다는
자신에게 좋은 사람이 되세요
훨씬 더 심오한 자신을 보고

잡을 것이 없음을 보세요

모든 것을 놓아 보내면
자신이 얼마나 좋은 사람인지 보게 됩니다.
잡고 있는 세상에서 벗어나
참 자유를 봅니다, 사랑을 봅니다.

1%

1%의 찌꺼기가 스멀스멀 올라와서는
자리를 잡고 묻기를
왜, 분노의 가슴은 움켜쥐고 있나요?

모두를 껴안은 내가 되기 전에는
하나도 남김없이 비우기 전에는
아주 작은 찌꺼기가 전체를 잡고 휘젓는다.
진실로 하나가 되기 전에는
1%가 100%가 되어 하늘을 가린다.

죽음이란 온전한 죽음이다.

한 방울의 먹물이 전체를 물들이듯
그 어떤 생각이라도 자리하고 있으면
아버지를 볼 수 없다.

보일 듯 보이지 않는 샛별의 광휘는
작은 찌꺼기 때문이다.

참으로 찌꺼기를 두려워하라.

참으로 비울 때
진실로 하나일 때 전체가 되어
아버지와 나는 하나가 된다.

총명함

총명함이 앞날을 밝혀 주리라 여기지만
총명하다 함은 분별력이 뛰어나다는 것입니다.

공부 잘 하는 초등학생은
비슷한 말과 반대말을 많이 아는 밑거름이 있고
가르침을 거부하고 어린아이로 그냥 있는 저능아는
부모의 마음을 아프게 하나
본인의 얼굴은 그리도 맑습니다.

많이 앎을 내세우는 학자는
분별함의 뛰어남을 드러내지만
평온과는 거리가 있습니다.

내가 있음은 남이 있음이요
'나 없음'으로 나, 남 없는 하나인 세상이
하늘나라입니다.

환경

환경은 '나'이어서 통제할 수 있는 것이 아니다.
편하고자 하여도 환경은 그대로요
힘들다고 하여도 환경은 그대로이다.

편하고 힘듦이 하나이어서
선택할 수 없다.
십자가 지고 감이 그것이다.
기꺼이 짊어지면 자유요
택하려 분리하면 속박이다.

내맡김, 선택할 수 없음이니
그렇구나 '있는 그대로' 봄이 환경이다.
원하는 내 생각이 없으면,
내가 없으면,
기꺼이 대자유의 품 안이다.

내가 없는 그곳이 아버지 품 안이다.

무아(無我)

'나'라는 실체가 없으며
마음이 쌓아 올린 관념에 불과하다는 것.
'나'를 찾으려 애를 써도 찾을 수 없어
나도 없고 남도 없는 맑은 마음을 알아차리는 것.

진실을 제시하는 가장 단순한 길은
말할 수 있는 모든 것을 부정하는 것.
아무리 성스러운 말이라 하더라도
그 말들은 거짓이죠.

전 재산을 다 팔아서 값진 진주 하나를 사는 것.
현실과 다투는 생각을 믿는 혼란에서 벗어나
아무것도 진실이 아니라는 것을 깨닫는 것.

'나'를 떠나면 나타나는 신비로운 실체를 그대로 봄.
우리에게 있는 본래의 자리 '지혜'.
어디에도 머물지 않는 마음으로 '있는 그대로' 봄.

나 없음에 전체가 들어와 하나됨에
자비 중의 자비가 '무아'요

사랑의 충만함이 '무아'입니다.

패거리

오른편이라고, 왼편이라고 편을 갈라 가두고
같은 패거리끼리 거리를 활보하며 함께 있음에 안도하는지
의기양양하게 일원임을 드러내지만
스스로 쳐놓은 굴레의 감옥은 못 본 채
우리 안에 가둔 나를 자랑스레 여깁니다.

믿는 사람끼리 우리 안에 가두고
믿음의 가치를 앞세우지만
아니 계신 곳 없으신 아버지께서
그곳에만 계시지는 않겠지요.
그래도 아버지를 편애하는 협소한 존재로 만들어
"불신 지옥"을 부르짖습니다.

함께 함이 아름다운 일이지만
같이 하지 않음을 적이라 몰아세워
자기들만의 패거리를 형성하는 정당성을 내세움이
과연 정당한지는 애써 외면합니다.

돈과 권력이 좋아서라고는 절대 아니라 하고
옳음을 내세워, 패거리의 돈과 인권을 가로챔은

패거리는 모르는지 패거리와 함께함에 안도하네요.
자기의 이익과 권리를 지키고자 울타리를 치고
억울하면 들어오라 큰 아량을 베푸는 양
밖의 사람이 안타까운 듯, 인도하려 듭니다.

자기 안의 것만 보고 밖의 것은 보지 못하는
장애는 자기 것이면서
안과 밖을 다 보는 사람을 위하는 듯이
안타까워 애를 씁니다.

패거리임을 내세우려 봉사라는 이름으로 자기를 드러내고
패거리 이름을 앞세워 일을 도모하고
패거리와 함께함이 즐거워 '감옥 안이 행복하다.'
밖은 보려 생각지도 않습니다.

'밖은 옳지 않다.' 밖의 유혹에 물들지 않으려
무진 애를 쓰지만
애쓰는 만큼 스트레스를 감당하기 어려워
'구해 달라' 기도로 포장하고
다 주어진 걸 못 보면서, 달라고 떼를 씁니다.

우주 만물이 아버지와 함께함인데
무엇을 구별하고 편애할까요?
스스로 구속하여 자유를 상실하고서
갇혀 있는 자기를 죄인이라 자처하며
패거리임을 자랑하려는가
'우리 믿는 사람끼리' 인가요?

권력에 탐함은 그러려니 하지만
믿음의 울타리는 어찌하면 걷어낼까요?

"질투하는 하나님"이라
'나 이외의 신을 네게 두지 말라' 이르신 계명은
패거리의 규율로 둔갑하여 다른 형제를 배척하고
패거리만의 문화를 옳음으로 포장합니다.

'나'는 없고 아버지만을 섬기라고
네가 있는 곳엔 아버지는 없다고
'나 없음'이 아버지와 함께함이라고
그리도 말씀하고 계시건만
내 안에 가두지 못해 패거리 만들어

나를 드러내고 아버지는 보지 않으려 합니다.

만물과 함께하는 자유는 멀리하고
패거리에 갇혀 사는 삶을 택하려 하는가요?
'나'마저 없으면 무한의 자유를 누리는데
패거리는 웬일인가요?

패거리도 나도 떠나 아버지와 함께함이
대자유요 사랑입니다.
나를 보세요. 있는가? 없는가?
없는 나를 찾기에 나에 갇히어, 아버지를 못 봅니다.

'나 없음'을 보면
모두가 하나인 친밀한 아버지 나라요
사랑이 충만한 가운데에 있습니다.
모두가 하나요, 사랑입니다.

인과응보

하는 바에 따라 행, 불행이 있다.
옳은 일을 하면 복을 받고
그른 일을 하면 화를 입는다.
지극히 윤리적인 표현입니다.

옳고 그름을 알 수 있나요?
가면을 쓰고 나타나는 에고를 판별할 수 있나요?
복을 받기 위해 하는 옳음이 어찌 옳음일 수 있을까요?
옳음의 관념이 굴레가 되어 자신을 가둠을 모르나요?

'하기에 따라 복을 받는다.'는 기복신앙의 폐해가
무당을 불러오고
불나방처럼 복을 향해 날아들듯이
그리스도를 구원의 수단으로 불러들이려 합니다.

그리스도는 전부이어서 아니 계신 곳이 없습니다.
행복은 불행을 예비하고,
둘은 하나이어서
오는 그대로 받아들이면 됩니다.

옳고 그름이 없는 세계에 '인과응보'는 어디에 있을까요?
옳고 그름도 내 안의 것으로
판단하는 '나'만 없으면
그리스도와 함께합니다.
구하고 찾을 일은 없습니다.
오로지 '없는 나'를 없다고 바로 볼 뿐입니다.

나는 없이, 모두가 하나이어서
주고받을 것이 없는 무한의 우주와 함께하는 것입니다.

아버지와 함께하는 사랑만이 있습니다.

가르침

나는 가르칠 무엇이 있다. 그게 사실입니까?
이 세상 모두는 내가 만들어 놓은 상상의 관념입니다.
나도, 당신도, 통증까지도….
상상이 만들어낸 이야기 속에서 가르칠 것이 있다 함은
또 하나의 이야기를 만들어낼 뿐입니다.

가르칠 것을 가지고 있다고 생각하는 순간
가지고 있는 그것에 갇히게 되고, 그 또한 상상입니다.
보아야 할 것이 얼마나 많은데 볼 것을 정합니까?
생각을 멈추면 모두를 보는데, 무슨 생각을 하라는 건가요?

모름이 모든 것입니다.
성경과 불경의 가르침조차
깨달은 후에 알아차리라는 것입니다.
생각을 믿지 않고 그저 알아차리는 것,
그것밖에 없습니다.
생각이 만들어 놓은 관념의 세계에서 빠져나와
'생각 없이' 그저 '있는 그대로' 보는 것입니다.

내가 만일 가르칠 것이 있다면

“그게 진실인가요?”하고, 질문하십시오.
질문은 진실을 보게 하는 힘입니다.
가르침보다는 질문의 힘을 믿으세요.
질문은 ‘아무것도 없음’에서 시작하는 것으로
스스로 알아차릴 수 있고, 진실을 보게 합니다.

비움

가득 채운 잔에 무엇을 담을 수 있을까요?
'나'라고 믿는 것으로 가득 채운 '나'에게
무엇을 담을 수 있겠어요?
가득 채워 담을 수 없음에도
끝없이 구하고 원하기만 합니다.

허상은 담아도 담아도 없는 것이어서
아무리 담아도 하나도 채워진 게 없습니다.
구하고 원해도 채워지지 않는 목마름만 더해질 뿐입니다

비울 것도 없는 허상을 비울 수 있나요?
비워라, 비워라, 할 일이 있는 듯 말하지만
없는 것을 어찌 비울 수 있나요?
'아무것도 없음'을 보면 비울 일은 없습니다.

애쓰고 노력할 일이 없이 그냥 보기만 하면 되는
'아무것도 없음'의 세계.
모두가 '공(空)'하다는 반야심경을 보라 할까요?
너를 없이 하고 아버지께 오라는 성경을 보라 할까요?

비움은 '없는 것'을 보는 것입니다.
'내가 없는 것'을 보는 것입니다.
'나'를 찾아보세요.
몸이 '나'인지? 생각이 '나'인지?

'나는 없음'을 알아차리는 것입니다.
그게 시작입니다.
그러기 전엔, 모든 생각은 상상의 관념일 뿐.
없는 것을 있다고 하는 거짓입니다.

'나 없음'에 전체로 하나인 아버지 나라를 봅니다.

숨바꼭질

찾는 재미에 빠져 시간 가는 줄 모르고
이곳저곳 찾아다니며 노는 아이들은
찾을 사람이 있습니다.
술래꾼이 되어 숨은 사람을 찾아
찾는 재미에 흠뻑 젖어듭니다.

이것이 문제였습니다.
찾으면 찾을 수 있다고 믿게 된 것일까요?
'없는 것'을 죽어라 찾아다닙니다.
생각해 보세요!
모든 것이 내 생각에서 나온 상상의 관념인 것을.

참 숨바꼭질은 '없는 것'은 안 보이고
'있는 것'은 보여서, 찾을 수 있습니다.
나는 없고 아버지는 계셔
나를 찾으면 없고, 아버지 찾으면 계십니다.

없는 내가 없을 때 아버지는 보입니다.
나 있으면 아버지 없고
나 없으면 아버지 있고

나와 아버지의 불(不) 공존
이게 신비한 숨바꼭질입니다.

없는 허상의 세상에서 헤매지 말고
있는 아버지 나라를 보세요.
아버지 보고프면 '나 없음'을 보세요.

어! 먼 이

어머니를 '어! 먼 이'로 부른다면 그 충격이 얼마나 클까요?
이 세상의 그 누구보다,
그 무엇보다 숭고하고 친밀한 말 '어머니'.
그럼에도 '어! 먼 이'로 부른 류영모는
아주머니도 '아주 먼 이'로
부르며 세상 것과 거리를 두려 했다.

세상 것이 모두 거짓임을 애써 강조한 '어! 먼 이'
이래도 이곳에서 진실을 보려느냐?
이래도 이곳 것이 얼마나 허망한지 모르겠느냐?
이래도 이곳 것을 잡으려 하느냐?
묻고 있습니다.

거짓되고 헛된 것을 놓아버리면
걸림 없는 자유가 그 자리에 있는데,
참된 진실이 우리를 반기는데,
조건 없는 사랑 안에 함께 함인데.

'나 없음'이 아버지 보는 길이라고
협소한 이곳을 떠나 전체를 가지라고

아버지만이 참삶이니 모든 것을 버리라고
어머니를 '어! 먼 이'라 부르셨다.

그래도 '어! 먼 이'이와 함께하며
'이웃 사랑 내 몸같이 하라' 합니다.
이곳과 저곳을 같이 보라 합니다.
다만 '이곳을 부정하라' 하는 것입니다.

마음

마음, 마음 하는데, 마음은 보셨나요?
없는 마음 붙잡고 '마음먹기에 달렸다' 다그치고 있나요?
마음도 생각도 상상의 산물이라 내 것이 아니기에
생각이 떠오르지, 떠올리지 못합니다.

이 세상은 내 마음의 반영이며 실체가 아닙니다.
마음이 그려놓은 세상을 보며 그림의 떡을 떡이라 믿으니
미움도 사랑도 그대로 있는 듯이 보여도
미움도 내 마음이요, 사랑도 내 마음입니다.

나의 원함이 싹터 자란 마음이
마치 사실인 양 눈을 가려도
미움도 사랑도 아무것도 없습니다.
없는 것을 원하니 괴롭고 슬프지요.

고요히, 참으로 고요히 지켜보세요.
마음이 어떻게 노니는지, 그리고 그것이 내 것인지?
마음에 적을 두고 어찌 평화로울 수 있겠어요?

이 세상이 가짜임은 없는 마음의 산물이기 때문입니다.

진짜를 보고 싶거든 마음을 내려놓고 생각 없이 보세요.
나를 없이 하면 진짜가 보여요.

마음을 비우려 마세요.
오는 마음은 어쩌지 못하여 그대로 두고
그것이 가짜임을 알아차리십시오.

'죽어야 간다'라는 말은 나를 없이 하란 말이지
죽어서 가는 곳이 아니랍니다.
이곳저곳이 다 아버지 나라이어서
나만 없으면 이곳도 진짜인 천국입니다.

지금 여기에서의 행복

행복할 수 있는 유일한 자리는 지금 이곳입니다.
희망을 내걸어 미래에 있으려니
찾아 나서면, 행복은 달아나 버립니다.

행복은 성취할 수 있는 것이 아닙니다.
돈이나 섹스, 명성, 인정 혹은 외부의 어떤 것에서도
행복은 얻을 수 없습니다.
오직 내 안에서만 발견되는 것으로
그것은 보기만 하면 됩니다.

그것은 변함없이 늘 지금 여기에 있습니다.
우리가 보지 못함은 그것을 추구하기 때문이며
안에 있는 것을 밖에서 찾으려 하기 때문입니다.

내 안도 텅 비어서 없긴 마찬가지이지만
텅 빔이 행복입니다.
텅 빔은 모든 것을 담을 수 있어서
전체가 내 안에 있으니 행복하지 않을 수 없지요.

없음이 있음인 내 안의 세상.

없음은 담아내지 못할 것이 없음이며
모든 것이 갖춰져 있어서 충분하고도 남습니다.

'나 없는 곳'에 모든 것이 있습니다.

평화

사람들이 좋아하거나 싫어하는 것은 '당신'이 아니라
당신에 대한 그들의 이야기입니다.
어떤 사람이 당신을 거부하는 것은
그의 세상에 당신이 들어맞지 않기 때문입니다.

스트레스를 주는 생각은 하나도 새로운 것이 없으며
모두가 재생된 것입니다.
우리는 오직 생각을 만나고 있을 뿐이며
이 세상은 그 만남의 투사일 뿐입니다.

생각이 만들어낸 상상의 것을 믿으며
평화로울 수는 없습니다.
이 세상이 마음이 만들어낸 상상의 산물임을 안다면,
마음이 쉼 없이 만들어내는 생각에 빠지지 않으면,
애초에 존재한 적이 없는 세계에
기쁜 종말을 고할 수 있다면,
'나 없음'의 평화를 얻게 됩니다.

'나 있음'의 세계는 상실의 불안과 함께하지만
'나 없음'의 세계는 최고의 안식처이며 평화가 깃듭니다.

원하는 만큼 멀어져가는 평화는
내버림의 산물이며 텅 빈 고요 속에 있습니다.
'나'가 남아 있지 않고, 아무것도 없는
맑은 마음속에 평화의 기쁨은 함께합니다.

거저 주심

신은 만물에게 모든 것을 충분히 주셨습니다.
신이 우리에게 원하는 게 있을 수 있다는 생각을
어떻게 할 수 있는지 모르겠어요.

아니 계신 곳 없으신 아버지께서
우리에게 주는 모든 일은 우리를 위한 일입니다.
우리에게 할 일을 주시는 게 아니고
우리를 위해 거저 주시는 것입니다.

나에게 왜 시련을 주시느냐? 항변함은
아버지의 뜻은 알 수 없어 헤아릴 수 없지만
분명한 것은
예수에게도 십자가의 시련을 주셨다는 것입니다.
예수와 우리를 편애하는 아버지를
어떻게 상상할 수 있을까요?

우리 모두는 아버지의 자녀이며,
편애할 일이 전혀 없습니다.
편애하는 좀생이로 축소해 놓음은
축소해 놓은 그들의 탐욕 때문이겠지요.

전체이시며 전지전능의 아버지를
열심히 일한 대로 월급 주는 기업체 사장으로,
아니면 착한 일 한 대로 상을 주는 선생님으로
여기시나요?
자유의지를 주신 은혜를 배신하여
신의 뜻에 합당치 않은 일을 했다고 징벌하는
판단의 아버지로 여기나요?

신의 뜻에 합당치 않음은 누가 아나요?
경의 해석은 누가 합니까?
옳고 그름이 없는,
아무것도 없이 온통으로 하나인 아버지께서
구별하여 질투하심이 가당키나 한가요?

아버지의 원함은 오직 하나 사랑뿐입니다.
아버지를 사랑하고 네 이웃을 사랑하라.
모두가 하나임을 알아서 사랑 안에 있으라.
네 것이란 없으며 모든 것이 아버지의 것이니
네 것을 찾지 말고 '너 없음'을 보라.

우리는 전체인 아버지와
하나로 엮여 있는 존재입니다.
이것저것을 분리할 일이 하나도 없이 그냥 하나인 거죠.
이것저것 따져서 따로따로 주실 일이 없는, 하나.

줄 것이 하나도 없습니다.
이미 충분하고, 우리가 모를 뿐입니다.
충분하다는 것을 모름은
'나'가 있다고 믿으며 '남'과 구별하기 때문이요
나, 남이 없는 '나 없음'을 보지 못하기 때문입니다.

자유의지는 '나'가 없음을 보느냐, 보지 못하느냐? 뿐이며
'나 없음'의 무(無)의 세계가 참 세상입니다.
나에게 일어나는 일은 없고,
모든 일이 날 위해 일어납니다.

간극

사람들의 생각에 간극이 없을 수 없지만
이 말처럼 뚜렷한 간극을 보이는 것은 없을 것입니다.
"일체유심조(一切唯心造): 모든 것은 오직 마음이 지어낸다."
이 말의 의미가 다름이
천국과 지옥의 간극보다 작다 할 수 있을까?

'모든 것은 마음이 지어내니, 마음먹기에 달렸다.'
하는 쪽과
'모든 것은 마음이 지어낸 것이니 마음의 작용일 뿐
실체가 없는 거짓이다.' 하는 쪽의
간극만큼 큰 간극이 있을까요?

'마음먹기'에 달렸다면, 마음대로 다 될 텐데
무슨 걱정이 있을 수 있을까요?
존재 자체가 고난이다, 인생을 고해라 하면서도
'마음먹기에 달렸다.' 굳은 믿음을 견지함은
무슨 연유인가요?

능동적으로 할 수 있는 일이 하나라도 있나요?
숨을 내가 쉰다면 영생하겠죠.

한 번 더 쉬고, 한 번 더 쉬다 보면
영원히 숨을 멈추지 않을 수 있을 텐데도
숨은 멈추는 게 아니라, 멈추어집니다.

내가 할 수 있는 일은 하나도 없고
하여지는 대로 수용하는 것입니다.
'적극적으로 수용하기', 이게 할 수 있는 전부입니다.

다른 쪽은, '모든 것이 마음의 상'에 불과한 거짓이니
'없음'을 보라 합니다.
없는 것을 어떻게 보느냐? 하지만
'나'를 없애어 텅 비워 놓으면
전체가 하나로 가득 찬 황홀한 하늘나라가 보이고
그게 아버지와 함께 있는 '나'입니다.

여러분은 어느 쪽에 계십니까?
'없이, 있다' 아니 '없어야, 있다.'는
조금은 모순된 쪽입니까?
아니면, 거짓이어도 좋으니 보이는 쪽에 서시렵니까?
내 얼굴조차 한 번도 본 적이 없으면서 나라고 믿으며

거울을 통해서 본 '생각의 나'를 보았다고 하시렵니까?

삶의 행로는 이 중 어느 쪽이냐에 달려 있습니다.
아무것도 없는 자유로움!
모든 것을 받아들이는 텅 빈 여유와 홀가분함에
가슴 떨리도록 다가오는 친밀함과 사랑.
모든 것이 갖춰진 장엄한 당신입니다.

남다른 노력으로 남다른 능력을 가지게 됨이
헛되고 헛된 얼마나 작은 것인지 알게 되면
초능력 같은 적은 것은 결코 원하지 않을 것입니다.

솔로몬의 고백 '전도서 1:2-3'
"헛되고 헛되며 헛되고 헛되니, 모든 것이 헛되도다.
사람이 해 아래서 수고하는 모든 수고가
자기에게 무엇이 유익한고."

수레

자동차는 움직이나 승객은 그대로 있습니다.
어디서 왔는지는 몰라도 이곳에 올 때
몸을 빌어 타고 와서는
몸이 자신인 줄로 믿고 수레인 줄은 모릅니다.

수레가 움직이고 자신은 그대로 있음을 모르고
자기가 움직인다 여기고 있습니다.
제 맘대로 움직인다 생각하지만
제 맘대로 움직이면 못할 일이 뭐가 있나요?

마음대로 되기를 원하면서도
제 몸이 마음대로 움직이지 못함은 생각지 않고
몸이 제 것이라 굳게 믿고 있습니다.

몸은 수레일 뿐 '나'가 아닙니다.
얼굴을 본 적이나 있나요?
본 적도 없으면서,
나라고 믿는 것은 무슨 배짱입니까?

타고 온 수레에서 내리면 나는 어디에 있을까요?

택시에서 내리면 집으로 가듯이
나 또한 집으로 가겠죠.
그러면 집이 어디에 있느냐고 물으면서
'나'가 누군지는 묻지 않고 내려온 수레만 찾습니다.

나를 찾아야 그의 집도 찾으련만
나는 버려두고 천국인지 지옥인지 알 수 없는 번지수만
찾으려 애씁니다.

'나'를 찾아야 아버지 집을 찾겠죠.
'나'부터 찾으세요.
몸은 수레일 뿐, 타고 있는 주인을 찾으십시오.

'나 없음'의 나!

생각하기

"나는 생각한다. 고로 나는 존재한다. (Cogito, ergo sum)"
'모든 것을 의심할 수 있고
일체가 허위라고 생각할 수 있어도
그와 같이 의심하고 생각하는
우리의 존재를 의심할 수는 없다.'
이는 데카르트의 생각일 뿐입니다.
생각은 떠오르지, 우리가 떠올리지 않습니다.

떠오르는 생각을 어쩌지 못하여,
그 생각에 사로잡혀 있으면서
내가 생각하고 있다고 믿고 있지만
내가 생각하고 있다면 떠날 수도 있으련만
한 생각에 머물러 괴로움을 양산합니다.

생각의 근거는 분별이며 에고의 일입니다.
에고를 떠나 참나에 있으면 모든 것이 하나인 세상으로
말이 필요 없는 곳에서 생각이 있겠습니까?

아무리 성스러운 생각도 에고의 일임은
그 생각이 분별을 가져오기 때문입니다.

에고의 거짓에 넘어가서 분별의 싹을 키우고선
'의심함'이 에고의 일이 아닌 듯 여김은
에고에 다시 또 속은 것임을 알아야 합니다.

우리는 단지 '질문'으로 에고에서 에고를 대할 수 있을 뿐
어떤 생각도 에고의 일이어서,
에고로 에고를 이길 수는 없습니다.
우리의 생각은 에고의 짓임을 알 수 있을 뿐이어서
'진실인가요? 참으로 진실입니까?' 묻고 또 물어야 합니다.

생각이 없는 상태가
에고를 떠나 있어 평화입니다.
생각이 없어, 나의 존재를 의식하지 못함에서 오는
두려움을 벗어나 하나임을 보는 것이요
하나임이 곧 '나'입니다.

그 어떤 것도 없는
'아무것도 없는 나'가 진정한 '나'이며
모든 것과 하나이고
아버지와 하나입니다.

V
침묵의 향기

●

●

●

침묵은 말 가운데에 있으며 모름에 있습니다.
침묵은 말하지 않음이 아니라
모름 위에 있는 '온전히 있음'이며
전하지 못할 것이 하나도 없습니다.
이심전심이 아니라
조건 없는 사랑 안에 있습니다.

모름

모르고 살라는 것이 아니라
앎에서 벗어나
직접 인식하라는 것이다.

생각은 생각이 나타내는 실제 그것이 아니다.
생각은 실제 그것이 아니다.
메뉴를 요리로 오해하지 말라.
설명은 설명이 가리키는 것 자체와 아무런 연관이 없다.
물을 마시는 설명이 갈증을 해소할 수 없듯이
지식이 삶을 자유롭게 할 수 있다 여기지만
자유는 앎에 있지 않다.

안다고 하는 것은 조건화된 관념이며
조건화되지 않은 것은 미지의 것이다.

미지의 문으로 들어감은
관념의 세계로부터 깨어나, 존재를 경험하는 것으로
조건화된 것과 조건화되지 않은 것이
동시에 존재함을 보는 것이다.

나는 내가 생각하는 것이 아닐지도 모른다.

오! 모름의 순수함이여!

안과 밖

안과 밖이 있는 것이 에고이고
밖을 보는 것이 그의 일입니다.

신은 밖에서 나를 보고 계시는 분이 아니라
내 안에 있으며 모든 것 안에 있습니다.

전체이신 신이 계시지 않은 곳이 있을까요?

말은 당신이 보지도 듣지도 못하게 합니다.
그 어떤 성스러운 말보다
침묵이 더 향기롭습니다.

존재하지도 않는 마음이 무슨 선택을 하겠습니까?

완전히 죽어서 찌꺼기 하나 없이
온전히 비울 때 안팎이 없는 내가 되어
전체인 아버지와 하나가 됩니다.

말씀으로 세상이 창조되었다면
세상은 나의 창조물입니다.

'다 이루었다.' 말씀하신 그리스도처럼
온전히 비우면
안팎이 없는 전체로 하나입니다.

은혜

무엇을 주시려고 역경을 주시는지 우리는 모르죠.
안다고 생각하는 것 자체가
아는 만큼 자신을 제한하는 것이라
우리는 모름 위에 서서
생각이 나타날 때 그 생각을 믿지 않고
그저 알아차리는 것뿐입니다.

혹시 아나요, 코로나19가 지나간 후
종교의 폐쇄성과 배타성에 눈을 뜬 종교인들이 많이 깨어나
하나님을 바르게 영접하는 은총이 온 누리에 퍼지게 될지.
깨달은 지혜의 눈으로 아버지를 보기 전엔
가장 고귀한 진리조차, 또 하나의 관념에 불과함을
깨닫게 하려고 주시는 은총인지.

그렇게도 숭상하던 돈보다 생명의 가치를 높이 하여
서로를 배려함이 더욱 돈독해질지.
서로를 배려하지 않고는
이런 역경을 이겨낼 수 없음을 배운다면
이보다 더 큰 은혜도 드물겠죠.

두려움은 두려움일 뿐
두려운 대상은 없음을 안다면
예방 수칙을 잘 지켜서 몸 관리하면 될 일이라
지금껏 생활해 온 그대로 이웃을 돌아보며
함께 사는 것입니다.

아버지는 사랑임을 믿으면
일어나는 모든 일은 좋은 일입니다.

자비

부처님 하면 '자비'가 떠오르지만
금강경에 '자비'라는 말은 없습니다.
깨달음이 없이 하는 자비는 자비에 갇히기 때문입니다.
자녀에게 젖을 먹이는 엄마가
"나는 자비롭다." 생각하지 않듯이
'나' 없이 하는 자비가 자비입니다.

당신이 얼마나 주지 않으려 하는지를 보면
당신이 어디에 집착하고 있는지 보이죠.
당신이 줄 때도 당신이 있으면서 주면
'준다'는 생각에 갇혀 있습니다.

베풂이 좋은 일이냐? 하는 것은
베푸는 행위에 있는 것이 아니라
나와 남이 구별되어 있느냐, 아니면
나도 없고 남도 없는 하나임에 달려 있습니다.
우리가 하나이면 그 안에는 거리가 없습니다.
내가 나에게 주는 것입니다.
'좋은 일'일 것도 없고 자아의 반영일 뿐입니다.

"오른손이 하는 일을 왼손이 모르게 하라."
선행이란 없으며 신을 경외함이 자비입니다.

하나임 뿐

하나일 뿐입니다.
둘이면 구별하고 다름을 주장하지만
'틀리다'라고나 아니하면 좋겠습니다.

사랑한다 말할 때는 '나는 네 것'이라 하더니
너와 나를 분별하여 누가 더 사랑하는지까지
구별하려 합니다.
사랑한다 하면서도 둘로 나누어야 합니다.

당신도 없고 나도 없이 하나일 뿐입니다.
'네 이웃을 네 몸같이 사랑하라.' 함은
내 안에 이웃이 하나로 있음입니다.

분별은 '나'를 찾기 위함이요
내 것을 주장하기 위함이어서
'없는 나'를 놓고, 있다고 믿음이 안타까워
우리가 하나임을 보자고 노래할 뿐입니다.

내가 나에게 잘못할 일이 없을 것이요
사랑하지 않을 수 있겠나요?

하나인 세상은 사랑으로 충만해 있습니다.
하나임 뿐입니다.

침묵

말없이 조용히 있음이 침묵이 아닙니다.
침묵은 모름입니다.
아는 것이 없어서 말할 수 없으며
아무것도 없는 것을 얘기할 수도 없습니다.

'아무것도 없음'이 '온전히 있음'이어서
침묵으로 못할 얘기는 없습니다.
말이 없는 곳에서 말할 일은 없으며
'온전히 있음'으로 충분합니다.

사실 말이란 한쪽 면만을 표현하는 것으로
언제든지 부족하기 마련입니다.
그 어떤 말도 표현되는 순간
그에 대하는 말이 있음이며
말하는 순간 말에 갇히어 협소해지고
자유로부터 멀어지는 실마리가 됩니다.

'말 없음'은 생각이 없음이며
아무것도 아니어서 걸림이 없습니다.

침묵은 자유이며, 고요 속에 있습니다.
고요함은 아무 소리도 없는 조용함이 아니라
소란 속에서도 고요는 있고
침묵은 말 가운데에 있으며 모름에 있습니다.

침묵은 말하지 않음이 아니라
모름 위에 있는 '온전히 있음'이며
전하지 못할 것이 하나도 없습니다.
이심전심이 아니라 조건 없는 사랑 안에 있습니다.

합일

가깝다는 것은 조금이라도 떨어져 있다는 것입니다.
진리는 가깝다는 말조차 너무 멀어서
하나로 합쳐진 합일입니다.
그 어떤 아름다운 생각도 생각만큼의 거리가 있어서
가깝게 느껴질 뿐 합일은 아닙니다.

합일과 만나기 위해서는 합일이라는 생각마저 없어서
그 어떤 언어도 필요치 않는 하나임입니다.
구별이 없는 곳에 이름이 있을 수 있나요?
이름도 그 어떤 것도 없는 '아무것도 없음'과의 합일만이
하나가 되는 불협화음입니다.

'나 없음'이 합일이니
없음과의 합일은 노력도 찾음도 있을 수 없어서
직접 체험해야만 합니다.
생각이 끊어진 자리에 거리도 없어져서 하나가 됩니다.

생각이 모든 것을 만들어내어 거리가 생기고
그 거리가 기쁨과 슬픔을 가져옵니다.
나와 당신의 거리만 없으면 우리는 하나입니다.

'나'라는 생각이 거리요 괴로움입니다.
'나'만 없으면 모든 것과 합일이 되는
'나 없음'이 합일이요 진리입니다.

바로 볼 수 있다면

이 세상을 바로 볼 수 있다면.
생각의 구름이 가리지 않고, 바로 볼 수 있다면.
산은 산이요, 물은 물이다가
산이 물이요, 물이 산이 되고
다시 산은 산이요, 물은 물이 되어
'있는 그대로'입니다.

제멋대로 해석하여 실상을 가려 놓고
지었다간 부수고 다시 또 찾으려 애쓰고
허상을 지어내어 자아라 하고서는
아니라 지우려 애쓰다가 '나'는 여기 있다.
지어낸 줄 모릅니다.

괴로움도 행복도 다 제 작품이련만
지어낸 관념의 산물임을 모르고 바로 볼 줄 모릅니다.
진리를 개념으로 아는 것은
지식을 하나 더 얻음에 불과할 뿐
개념적인 사고가 제 작품에 불과함을 모릅니다.

진리를 찾고 찾아 찾는 일을 아무리 하여도

없는 것을 찾을 수는 없어서
'나 없음'을 바로 볼 수 있어야 합니다.

세상이 관념의 산물임을 바로 보고
이 세상이 허상이요 거짓임을 바로 볼 수 있다면
산은 산이요 물은 물입니다.

생각을 떠나 바로 볼 수 있으면
분리되어 있다는 환상에서 벗어나
이원성의 망상이 사라진 아버지 나라입니다.

풍경 소리

산사 처마 끝에 달려 있는 풍경은
산 아래 이서방네 소식도, 건넛마을 과부댁네 소식도
바람이 찾아와 전해주면, 화답하는 소리 내어
쟁그랑, 쟁그랑 소리 내어 울어줍니다.

좋은 소식, 나쁜 소식 들려와도
좋고 나쁨이 따로 있나 한결같은 소리로 화답하여
분별하는 속세의 안타까움에
이래도 쟁그랑, 저래도 쟁그랑,
하나의 소리뿐입니다.

옳다 그르다 다투고, 좋다 싫다 투정해도
같은 줄 모르고, 갈라놓고 살아가는 세속 일이 안타까워
같은 세상 보라고 쟁그랑 소리 내어 울어줍니다.

이래도 저래도 같은 환경이어서
힘들고 어려워도, 쉽고 편해도,
힘든 일, 쉬운 일, 따로 있나
들려오는 풍경 소리에
쟁그랑 소리만 하나로 울립니다.

행복

행복은, 쫓아가면 멀어지는 무지개 같아서
행복을 추구하는 한
행복할 만큼 성숙해 있지 않습니다.

모든 고뇌는 분리에 있기에
하나임을 보면 기쁨뿐입니다.
분리되어 있는 한
행, 불행은 샴쌍둥이처럼 같이 있습니다.

행, 불행이 따로 있는 것이 아니라
둘이 하나일 때 행복은 스스로 찾아옵니다.
하나이기에 잃을 것도 얻을 것도 없어서
추구할 일도 없습니다.

원함이 없는 하나의 세계.
원함이 없으니 결핍도 없는
모든 것이 갖춰진 세계.
그곳에 행복이 있습니다.
생수는 끝없이 흐르고 목마를 일은 없습니다.

후기

원고를 마치고 새록새록 스며드는 생각이 편리함과 불편함의 괴리였습니다. 편해지려는 마음이 내재되어 있는 한 남에 대한 배려심은 적어지고 나에 머무르려 함인데, 스스로 불편함에 있으려 하는 마음이 과연 고행과 어떤 차이가 있는가? 고행을 통한 수행이 자신을 단련함에는 도움이 될지 모르지만, '나 없음'의 길과는 상당한 거리가 있기에, 불편함에 있으려는 마음을 어찌하면 고양할 수 있을까? 하는 고민이 생긴 것입니다.

편해지려는 마음을 떠나 불편함에 있으려 하면 작위적이어서 의식적인 생활이어야 하고, 편하고 불편함을 떠나 닥친 상황에 내맡김은 이미 '나 없음'의 상태이어서 불편함에 있으라는 말을 어떻게 표현할 수 있을까? 하는 고민이 일어나게 된 것입니다.

분명한 것은 편해지려는 마음은 '나'를 붙잡고 있는 마음이요, 불편함에 있으려는 마음은 기꺼이 '불편함에 있으라'는 자각의 울림으로, 고행이 아닌 불편함은 편함이 없는 거였습니다. 편함도 불편함도 없는 '나 없음'의 '나'일 때 자연스럽게 일어나는 거였습니다. 결론은 '나 없음'이었습니다. 모두가 하나이기에 모든 일이 내 일이었습니다. 편하고 불편하고가 원래 없는 거였습니다. 편해지려는 마음이 없이 주어진 환경에 순응함이 당연하여, 해 넘기 전에 일을 마무리하려는 마음만이 앞서는 마음. 편해지려는 마음이 들지 않는 농부의 생활과 산행하는 마음이 그래서 좋습니다. 자연스럽게 너무도 자연스럽게 일어나는 마음. 그렇게 '나 없음'에 있으십시오.

'나 없음'에 있으면, 불생불멸, 상주불멸, 영생불멸하는 '본마음의 나'는 아무리 죽이려고 해도 죽일 수 없고, 자살해도 몸을 떠날 뿐 살아 있는 그대로입니다. 남이 나를 죽이려고 해도 죽일 수 없으며, 천지가 소멸해도 살아남아 죽지 않는 내가 따로 있음을 봅니다. 죽을 수 없음에 죽음을 염려할 필요가 없습니다. 깨달음은 죽지 않는 나를 보자는 것입니다. 아브라함 이전의 나요, 영생하는 나를 보자는 것입니다. 이것이 붓다와 그리스도의 길입니다. '나'는 그렇게 장엄하고 존엄한 존재임을 깊이 성찰하자는 것입니다. 죽을 수도 죽일 수도 없는 '나'를 어떻게 붙들고 갈 것인가? 내가 '나'를 붙잡지 못하면 누가 나를 붙잡아 줄 것인가? 간절함을 가지고 분리의 근원인 앎을 떠나 참으로 '나 너머의 나'를 보자는 것입니다. 내 생각을 믿지 않고, 나만 없으면 봅니다.

2020년 5월

不在(없는 이)

해탈한 그리스도인의 도(道)

성공과 출세 위주의 사회에서 교육마저 거기에 부응해 가는 현실을 비판한 영화 〈죽은 시인의 사회〉에서 새로 부임한 키팅 선생님은 "카르페 디엠"(지금 이 순간을 즐겨라)을 외치면서, 입시에 찌든 학생들에게 신선한 바람을 불어넣어 준다. 그는 갑자기 교탁 위에 올라가서 학생들을 내려다보면서 세상을 넓고 다양하게 바라보아야 한다고 역설하고, 학생들로 하여금 저마다 책상 위로 올라가 달라진 시야를 스스로 체험하게 한다.

지난 100년 동안 지구에서 일어난 일들을 전체적으로 내려다볼 수 있다면 크게 어떤 변화가 일어났을까? 지구가 둥글다는 것을 인간이 알고 또 실감하기 시작한 것은 지리상의 발견이 이루어진 삼사 백 년 전부터이지만, 지구인들에게 지구가 정말로 한 마을처럼 실감되기 시작한 것은 길어 보았자 반백 년 안쪽의 일이라고 해야 할 것이다. 교통과 항공의 발달뿐만 아니라 무선통신의 발달로 인터넷이 지구인들의 일상이 됨으로 인해 이제 물리적인 거리는 극복된 것이나 다름이 없다.

정신적으로는 무엇이 달라졌을까? "불교와 그리스도교의 만남이야말로 20세기 최고의 사건"이라는 역사학자 토인비의 발언이 유난히 크게 들린다. 동양과 불교를 음(-), 서양과 그리스도교를 양(+)이라 한다면, 음과 양의 만남으로 인하여 "사상의 옥동자"가 태어나야 하는 것이 자명한 이치 아닐까?

불교와 그리스도교가 만나 결혼을 이루기까지는 에드가 케이시 같은 영 능력자, 신지학회의 애니 베산트 여사와 그녀가 세계의 교사로 지목한 크리슈나무리티 등이 들러리나 증인, 적극적인 축하객으로 참여하지만, 현대 물리학(양자물리학)이야말로 주례로서 양자의 결혼을 주관하지 않았나 싶을 정도로 공헌이 크다. 이들의 결혼으로 인해 여러 아이들이 태어나 세계의 사상을 이끌어가고 있고, 한국의 류영모도 이 아이들의 선두에 서 있다고 할 수 있을 것이다. 이들 선두그룹에 뒤이어 인도의 철학자이자 신비가인 라즈니쉬를 비롯한 수많은 영성가들이 출현하여 누구에게나 이미 내장되어 있는 "신성", 혹은 "불성"을 가리켜 보이며 그것을 가꾸고 키우고 꽃피우는 일이야말로 사람으로 태어난 이상 가장 중요한 일임을 역설한다. 필자가 번역 소개한 조엘 골드스미스의 『인피니트 웨이』, 조셉 베너의 『내 안의 나』, 에크하르트 톨레의 『지금 이 순간을 살아라』, 에스더 힉스의 『볼텍스』, 아디야 샨티의 『춤추는 공(空)』, 니르말라의 『나는 없다』, 바이런 케이티의 『나는 지금 누구를 사랑하는가』 등도 한결같이 우리 자신의 정체성에 관한 지도를 새로이 그리고, 그 지도가 가리키는 바대로 의식 상승을 촉구하는 글들이다.

이들이 가리켜 보이는 인간 의식이 지향해야 할 바는, 다석 류영모의 어록집인 『제나에서 얼나로』에 잘 나타나 있다. 1959년부터 1981년까지 20여 년 동안 다석(多夕) 선생을 스승으로 모시고 가르침을 받은 제자인 박영호는 이렇게 정리한다.

> 땅의 어버이로부터 받은 몸과 맘의 제나(ego)는 거짓 나로 탐·진·치(貪瞋痴)의 수성(獸性)을 좇아 사는 짐승이며 언제 죽을지 모르는 멸망(죽음)의 생명이다. 류영모는, 이 거짓 나를 버리고(부정하고) 우주이시며 우주의 주재자로 우주정신이신 한얼님(니르바나님)이 주시는 얼나로 솟나(부활)는 길을 가리켜 보였다. 얼나는 제나가 지닌 수성을 다스려 수성에서 자유하며 거짓 나인 몸나(제나)는 죽어도 생사(生死)를 초월하여 한얼님과 하나되어 영생한다. 이것을 실천한 이가 바로 예수요 석가이다. 그런데 사람들이 예수·석가의 말씀을 바로 알아듣지 못하였다. (『제나에서 얼나로』 중에서)

앞의 인용문은 사실 20세기 후반부터 꾸준히 독자들의 사랑을 받아 온 자기계발 부문의 거의 모든 서적들이 다루고 있는 주요 테마에 다름 아니다. 가짜의 나를 바르게 보고 영원히 죽지 않는 "나"를 자각하자는 철학과 사상과 종교가 오늘날 지구촌의 대세라고는 아직 단언할 수 없다. 그럼에도 불구하고 동서양의 오랜 전통에서부터 그 기원을 찾을 수 있는 "황금의 맥"은 점점 더 인류 전체를 물들일 기색으로 확대 증폭되어 가고 있는 것이 사실이다.

서해명의 두 번째 시집 『나 없음의 경이』 역시 첫 시집 『아무것도 아님에 대하여』와 마찬가지로 이 "황금의 맥" 안에 들어서 있다. "나 없음의 경이"라니, 도대체 무슨 소리인가? 우리는 하루에도 수십 번씩 '나', '나', '나'를 뻔질나게 지칭하지만, 이 '나'는 도대체 누구인가? 양자물리학에 따르면, 물리적 존재란 있는 것도 아니요 없는 것도 아니다. 관찰자에 따라 입자로도 존재하고 파동으로도 존재한다는 것이 이미 실험을 통해 입증되었기 때문이다. 양자물리학을 인간 존재에 대입시키면, 모든 인간이란 필연적으로 인식의 오류 속에 존재할 수밖에 없다. "이것이다!"하고 고정시킬 수 있는 것은 세상에 아예 존재하지 않는다. 그동안 '나'라고 생각해 왔던 모든 것이 해체되어야 마땅하고, 내가 그 속에서 살아가는 환경이나 대상 모두가 고정된 '무엇'이 아님을 투철하게 깨우쳐야 한다.

> '나'라는 실체가 없으며
> 마음이 쌓아 올린 관념에 불과하다는 것.
> '나'를 찾으려 애를 써도 찾을 수 없어
> 나도 없고 남도 없는 맑은 마음을 알아차리는 것.
>
> 「무아(無我)」 부분

야곱이 얍복강 나루에서 그의 식솔들을 다 보내고 홀로 남아 기도하던 중, 정체불명의 천사와 날이 새도록 씨름을 벌여 '이스라엘'의 기원을 이루었듯이(창세기 32: 23-30), 사람이 거듭나기 위해서는 하늘을 향해 자기 정체성을 두고 물음표의 미사일을 연거푸 쏘아 올려 영적 전투를 벌여야만 하는 것이 아닐까?

질문이 없으면 하늘은 해답을 주지 않는다. 마음에 물음표가 없는 양들은 5만 년 전이나 지금이나 평화롭게 풀을 뜯고 있을 뿐이다.

서해명은 나란 누구인가를 두고 자기 탐구를 거듭한 끝에 '나'란 없다고 하면서, '나가 사라지고 난 뒤의 경이로움'을 노래한다. 내가 사라지는 것이 축복이 되는 이 어불성설을 어떻게 이해할 것이냐고, 그의 시들은 집요하게 우리에게 질문한다. 그리고 그가 던지는 질문들과 언명들 안에는, 말해지지 않은 탐구의 과정들이 언뜻언뜻 비치고 있어서 독자로 하여금 그 안으로 들어서도록 유혹한다.

내가 없어지는데도 경이로움은 남아서 누군가가 노래를 한다면, 그 나는 누구인가? 그가 도달한 인간의 정체성은 예수가 가리켜 보인 '거듭남'의 자리임이 분명해 보인다. 거듭난 인간이 거듭남의 경이로움을 노래 부르는 것이다.

예수에 따르면, 육에서 태어난 것은 육이고 영에서 태어난 것은 영이다. 그러므로 누구든지 물과 성령으로 거듭나지 않으면 하나님의 나라에 들어갈 수가 없다. '몸의 나'가 죽어야 '영으로서의 나'가 살아난다는 뜻일 것이다. 하지만 도대체 어떻게 하여야 이 '몸의 나'가 가지고 있는 허상을 깨달을 수 있을까? 우리는 도대체 어떻게 하여야 개체로서의 욕망을 졸업하고, 하늘 아버지와 하나인 예수와 하나가 되어 예수가 그토록 바랐던 뜻을 성취할 수 있을까? 예수는 "하나님의 의를 구하라, 그리하면 모든 것이 더해지리라" 하였지만, 도대체 '하나님의 의'를 어떻게 해야 구할 수 있단 말인가?

20세기 중반에 발견된 『도마복음』이 예수의 새로운 면모들을 제공해 주어 전체의 퍼즐 조각을 맞추도록 힘을 더해주고 있는 것이 분명하지만, 세계의 앞서가는 저작자들과 마찬가지로, 서해명은 "해탈한 그리스도인"으로서 "거듭난 그리스도인"의 정체성에 커다란 단서를 제공해 준다. 그리스도인들이 일반적으로 빠뜨리거나 간과하기 쉬운 '삶에 대한 이해와 깨달음'을 통하여 '거듭남에 이르는 여정'의 큰 그림을 보여준다.

서해명이 말하는 '나 없음'은 사실 내가 온통 사라지는 것이 아니다. 다석 류영모가 가리켜 보였듯이, '제나'가 죽은 것뿐이다. 죽은 것이지만 죽은 것으로 끝나지 않는다. '제나'가 죽은 바로 그 자리에 '얼나'가 '솟난다'.

생각이 감옥이다.
아무리 원대하고 좋은 생각이라 하더라도
생각한 만큼의 울타리가 쳐진 감옥이다.

「감옥」 부분

'나' 하나 없음에 뭘 해도 걸림이 없어
온 세상이 내 것이 되었습니다.
내가 있으면 온갖 것에 걸리고
'나' 없으면 온 세상이 내 것이요
대자유입니다.

「'나' 하나 없음에」 부분

"해탈한 그리스도인"이 된 서해명은, 그리스도인이 평생토록 품고 다녀야 할 키워드들을 새롭게 조망해 보인다. 죄와 구원이란 무엇인지, 참된 기도란 어떤 상태인지, 어떻게 해야 하나님의 충만한 사랑 안에서 살 수 있는지, 자기탐구를 해온 자라면 눈을 크게 뜰 힌트들을 시편들의 행간 곳곳에 숨겨놓는다.

독자의 탐구 정도에 따라서는, "내가 율법을 폐하러 온 줄 아느냐 완성하러 왔다"(마 5:17)는 예수의 수수께끼 같은 발언이 그의 시편들을 통해 명쾌하게 풀리는 경험을 할 수도 있을 것이다. 구약의 율법은 물론이고 세상의 모든 법은 "~하지 말라"로 이루어져 있다. 과거부터 오늘날까지 우리가 사는 세상의 법을 훑어보면, 그것들은 결국 구약의 십계명을 확대시켜 놓은 것에 지나지 않다는 것을 알 수 있다. 살인하지 말라, 간음하지 말라, 도둑질하지 말라, 이웃의 것을 탐내지 말라, 거짓으로 증언하지 말라…. 세상의 법들은 모세의 율법을 아주 세밀하고 촘촘하게 그물망을 짜놓았을 뿐이다.

더구나 그리스도인은 세상의 법보다 한 단계 더 높은 율법 하에 있다고 할 수 있다. 그리스도인으로서의 품격을 지키기 위해서는 화내지 말아야 하고, 음심을 품지 말아야 하고, 원수마저 사랑해야 한다. 그러나 그런 율법들이 노력을 한다고 해서 지켜질 수 있을까? 그런 노력을 통해서는 피로만 쌓일 뿐이어서, '평온과는 거리가 멀어'지고, '하라, 하지 마라에 병들어 사는 인생'이 되어 버린다. 해탈한 시인에 따르면, 그 모든 것은 '나 없음'의 깨달음을 통해서 노력 없이, 함이 없이, 저절로 이루어질 수 있다.

경의 말씀은 '하라. 하지 마라.'의 얘기가 아니라
비우고 비워서 너를 없이 하라는 말씀입니다.
생각을 멈추고 지금 있는 그대로
모든 환경과 같이 하는 것입니다.

「피로」 부분

어떻게 해야 나를 비우고 비워서 없이 할 수 있을까? '모든 것이 내 마음의 투사'(「거짓」)이고, '이 세상은 내가 만들어 낸 관념의 그림자'(「그림자」)이며, 나라는 개체의 생존과 번성을 위한 삶은 '원함이, 이념이, 관념이, 종교가… 이끄는 대로 / 끌려가며 사는 꼭두각시'(「꼭두각시」)에 지나지 않는다. 그리하여 '생각이 감옥'이고, '아무리 원대하고 좋은 생각이라 하더라도 / 생각한 만큼의 울타리가 쳐진 감옥이다'(「감옥」).

나와 세상의 본질이 가짜 투성이임을 깨닫고 '나 없음'에 진입하여 움켜쥔 주먹을 펴 보일 때, '거짓 나'의 좁은 세상은 일거에 사라지고 '장엄한 세계'가 펼쳐지기 시작한다.

우리는 정말로 장엄하며 전부이어서
붙잡은 것만 없으면 저절로 보입니다.
붙잡은 협소한 것을 놓으세요.
잡은 것이 아무리 좋아 보여도 전부만 하겠어요?

전부를 붙잡을 수는 없어서
그저 바라볼 밖에
다른 어떤 일도 할 수 없습니다.

「바라보기」 부분

그리하여 그는 '그리스도 안에 있으면 누구나 에덴 동산에 있'다고, '해석하고 판단하는 나를 없이하면 에덴 동산에 있'다고 고백한다. 에덴 동산에 있어 본 경험이 있는 이에게, 기도란 무엇인가? '기도는 / "조건화된 것"과 "조건화되지 않은 것"을 / 하나로 보는 명상'이고, '아버지와 함께함이요, 모두가 평등함을 보는 것이요 / 모래 한 알에도 아버지가 있음을 보는 것'이다. '참된 기도는 / 무엇을 바라는 마음을 완전히 내려놓은 / 감사의 기도'이다.

아버지와의 하나됨을 경험한 이는 자신을 더 이상 '죄인'으로 규정하지 않는다. 죄인이란 자신이 하나님의 자녀임을 모르는 존재 상태일 뿐이다. '나'라고 주장하는 '나'가 모두 가짜이고 헛된 것들임을 깨달아 텅 빈 자리에 이미 임하여 계시는 그리스도의 존재를 깨달은 자에게, 구원은 이미 실현된 것이다.

그리스도는 어디에나 계십니다.
구원은 우리와 함께 계시는 그리스도를 보는 것입니다.
우리는 죄인이 아니며 아버지의 아들입니다.
아버지는 모든 것과 모든 사람 안에 계셔
구하고 찾을 것이 없습니다.
지옥도, 천국도 없으며
오로지 완벽한 아버지 나라만이 있습니다.

모두가 하나이어서
거리가 없는 친밀함으로 사랑 안에 있습니다.

「구원」 부분

그리하여 그는 '"나"만 없으면 승객으로 가득 찬 멋진 플랫폼', '"나"만 없이 비워놓으면 모든 것이 함께하는 플랫폼'에서, '"나 없음"의 경이로움'을 노래한다. 내가 부재할 때, '나의 바다가 아니라 바다이며 / 나의 하늘이 아니라 하늘이듯 / 나의 삶이 아니라 그냥 삶'이 된다.

수많은 해석과 판단이 분분하여 생각마다 행위마다 걸림 투성이인 삶에서 '생각이 끊어진 자리'에 이르러 '거리가 없어져 버린' 경지에 이른 삶은, 침묵의 큰 사랑 안에 안겨 있게 된다.

침묵은 자유이며, 고요함 속에 있습니다.
고요함은 아무 소리도 없는 조용함이 아니라
소란 속에서도 고요는 있듯이
침묵은 말 가운데에 있으며 모름에 있는 것입니다.

침묵은 말하지 않음이 아니라
모름 위에 있는 '온전히 있음'이며
전하지 못할 것이 하나도 없습니다.
이심전심이 아니라 조건 없는 사랑 안에 있습니다.

「침묵」 부분

'거듭난 그리스도인'과 '해탈한 불교인'이 결혼하면 어떤 옥동자가 태어날까? 일찍이 그리스도인으로서 터를 닦은 서해명은 깨침의 종교인 불교를 그리스도교에 접목시킴으로써 '해탈한 그리스도인'으로 다시 태어났다. 성경의 말씀들과 예수의 비유들이 갖는 참 의미를 발굴하고 확대 증폭하여 인간존재론의 21세기적 비경을 제시, 독자를 무아지경(無我之境)으로 이끌어 간다.

그의 시편들이 행간마다에서 독자를 초대하고 있는 은밀한 공간은, 붓다와 노자와 예수 등 인류의 스승들이 가리켜 보이는 "황금의 맥"이자 당신 또한 지금 여기에서 이미 그 맥 안에 이르러 있다는 기쁜 소식이다. 지리상의 대발견보다 더 위대한 '깨침과 거듭남의 길'이 아직 앞에 놓여 있다고 스스로를 진단하는 분들이라면, 곁에 놓고 참고할 만하다. 활용하기에 따라서는 내면의 핵 발전소를 가동시키는 데에 촉매가 되어주어, 어느 날 문득 놀람과 경이의 '오래된 새 세계'가 펼쳐지기 시작할지도 모른다.

세상이 제공하는 제반 조건들에 최면이 걸려 있는 사람들, 개체의 생존과 번성을 위한 생각들 속에서 생각들의 희생자로서 살아가는 사람들은 바깥으로 치달을 줄만 알아서 '태풍의 눈'과도 같은 중심의 고요함을 알지 못한다. 그들은 결국 '태풍의 눈' 속으로 돌아와야 한다. 그리고 이 중심으로의 회귀는 침묵의 향기를 퍼뜨리는 사람들에 의해서 불이 붙여질 수 있다. 시끄러운 시장터에서도 중심의 침묵이 가져다주는 기쁨 속에 머무는 사람들은, 끼리끼리 눈을 맞추면서 자신들의 거룩한 기운을 알게 모르게 퍼뜨려 가고 있다.

글 · **유영일** (수필가, 번역가)

주먹을 움켜쥐면 한 줌뿐이지만
펴면 세상 모두가 나의 것입니다.
당신의 '씻음, 닦음, 빛남'을 응원합니다.

●
●
●

내 안의 나: 참나 찾기의 마지막 여정 조셉 배너 | 유영일 옮김

삶의 진실찾기 게임에 몰두하던 저자는 어느 날 내면에서 울려 퍼지는 소리를 받아적기 시작한다.

당신 안의 그리스도 조셉 배너 | 이순임, 유영일 옮김

"다른 세상으로 건너간 영이 다시 돌아와 나직나직 들려주는 우리들 존재의 비밀". 당신 안에 이미 내장된 사랑의 빛을 가리켜 보이는 뉴 클래식.

제나에서 얼나로: 다석 류영모 어록

다석 류영모 | 박영호 엮음

20세기를 관통하며 살다 간 다석 류영모의 가슴에서는 동양과 서양이, 불교와 기독교가 만나 사상의 옥동자가 잉태하고 자라나 꽃을 피웠다.

인피니트 웨이 조엘 골드스미스 | 유영일, 이순임 옮김

세상과 기꺼이 어울리면서도 세상에 물들지 않고 자유와 풍요의 삶을 구가할 수 있는 "의식 상승의 길"을 가리켜 보인다. 에크하르트 톨레를 비롯한 세계의 영성가들이 마음에서 마음으로 추천하는 영성계의 클래식.

기적의 치유 코스 조엘 골드스미스 | 유영일, 이순임 옮김

빛이 있는 곳에 어둠은 더 이상 자리할 수 없듯이, 내면의 신성에 불이 켜지면 온갖 질병과 문제적 상황들은 저절로 뒷걸음칠 수밖에 없다.

보이지 않는 공급자 조엘 골드스미스 | 이순임, 유영일 옮김

"풍요의 문"을 열어주는 공급의 법칙과 원리. 결핍으로 고통을 겪는다면, 그것은 실제로 결핍의 조건 속에 있기 때문이 아니라, 우리가 공급의 원천에 주파수를 맞추지 못했기 때문이라고 진단하면서, 그 해법을 제시한다.

에세네 평화의 복음

아람어 원전에서 에드몽 보르도 시케이 영역 | 이종철 옮김

2천 년 동안 잠자고 있었던, 인류를 위한 "치유 교과서". 세상의 모든 아픈 사람들을 향한 예수의 메시지.

백일 감사 유영일 지음

삶을 깊이 있게 음미하고 자기 존재와 주변 사람들에게 감사하는 마음을 품도록 촉매가 되어 줄 백 편의 에세이로 이루어져 있다. 하루 한 편의 에세이와 함께 사랑과 감사와 행복에 관한 동서고금의 명언들을 음미함으로써 "백일 동안의 감사"를 통해 감사를 생활화할 것을 제안한다.

아프지 않게 사는 법 도오 이장훈, 김은영 공저

생활습관과 마음의 자세를 근본적으로 고치지 않으면 병은 언제든 다시 찾아온다는 것을 절감한 저자는, 황제내경을 통하여 근본적인 치유의 길을 모색하고 이를 체계화시키기에 이른다.